顾问式优增

吕一丁◎著

To Be A Real Consultant

化学工业出版社
·北京·

图书在版编目（CIP）数据

顾问式优增／吕一丁著 . —北京：化学工业出版社，
2020.1（2025.1重印）
ISBN 978-7-122-35541-6

Ⅰ.①顾…　Ⅱ.①吕…　Ⅲ.①人寿保险－销售管理
Ⅳ.① F840.622

中国版本图书馆 CIP 数据核字（2019）第 250241 号

责任编辑：罗　琨　　　　　　　　装帧设计：水玉银
责任校对：边　涛

出版发行：化学工业出版社
（北京市东城区青年湖南街 13 号　邮政编码 100011）
印　　装：盛大（天津）印刷有限公司
880mm×1230mm　1/32　印张 7½　字数 131 千字
2025 年 1 月北京第 1 版 第 4 次印刷

购书咨询：010-64518888　　　售后服务：010-64518899
网　　址：http://www.cip.com.cn
凡购买本书，如有缺损质量问题，本社销售中心负责调换。

定　　价：99.00 元

优增，是趋势也有意义

一丁老师是我以前保险公司的同事。

那时候我是外勤，她是内勤，她的笑容和声音给我留下了比较深刻的印象。她的笑容具有亲和力，声音很甜。后来她因为要照顾家庭，从公司辞职。一晃十年，我从她的朋友圈，了解到她去读心理学，做心理咨询和企业教练，给很多保险团队做优增优育的训练。

我刚入行的时候，启蒙老师就告诉我们，做保险要卖两份合同，一份是跟客户签的保险合同，另一份就是给准增员的代理人合同。销售和增员是保险工作最主要的两项内容。这些年"重疾不重"的重点是做重疾险和健康险的培训，也就是销售方面的培训。保险要想做得更长久、更稳健的话，除了要会卖有保障性的产品，也需要做好增员，也就是组织发展。

中国社会逐渐进入了一个老龄化、疾病高发的阶段，越来越多的人主动想给自己补充养老险和重疾险。市场的变化也推动了保险行业从业人员的增加，目前全国寿险营销员人数接近800万人。有一个现象是，在某些城市和地区，寿险营销员数量并不多，甚至还有所下降，但保费却依旧保持强劲的上涨势头。纵观欧美保险市场的发展历程，可以得出结论：未来在中国，寿险行业必然会进入从业人员素质越来越高，产能越来越高，而低水平的从业人员会逐渐被淘汰的时代。

现在很多高素质人群涌入保险行业，这是一个很好的趋势。有的是外企高管，因为有外企由于业务调整撤出中国市场，高管们面临再择业的问题而选择保险业；有的是高知的全职太太，想更好地平衡家庭和生活而选择保险业；有的是海归人才，看好保险业的大趋势而选择在寿险行业创业。

但是，由于中国寿险业过去的环境、机制以及文化背景等诸多因素，行业从业人员的平均素质并不是很高。记得有一次我参加金融行业会议，银行、证券行业来参会的都是高学历、高素质的人，当时保险行业的人跟银行、证券业的人相比，背景上相差很多。这种情况下，很多高素质人员来到这个行业会有不适应，不适应这个行业原有的人群状况，也不适应传统的保险销售方式。高素质的人来到这个行业，因为不适应最后又离开了，对保险行业来说是很可惜的事情。

我记得曾经在青岛的某一个保险公司做分享，参训的是刚刚入职公司还没有参加过培训的 2000 名新人。我做完分享之后，这一批新人的留存率是最高的。新人就像一张白纸，当一个人刚进这个行业的时候，如果有一个正确的声音来引导是很宝贵的。我的分享，能够让一个原本想要离开这个行业的人留下来，并且在这个行业过得如鱼得水，改变他的职业生涯，这是对个人、对公司、对社会都是有意义的。

因此，优增是一个系统，要吸引优质的人来，还要有相应的训练系统，帮助他们留下来。《顾问式优增》这本书起到的正是这个作用。提高优质增员适应行业的概率，提高留存率，缩短适应期，降低淘汰率和误解率，帮助他们尽早成为行业中的人才。这也是我给这本书写序的最大动力。

跟一丁老师交谈的时候，我说过我选择工作方向的五个标准。

第一，是喜欢。喜欢是最重要的前提。

我特别喜欢跟别人分享我对疾病的理解。我从小在医院的职工家属楼长大，父辈都是医生，我自己又从事这个行业，很多人跟我聊健康险的问题，我都很愿意跟他们分享；同学来找我看病，我也会分享我对这个病的理解。

一丁老师跟我说，她特别喜欢心理学，喜欢结合心理学上的所学，用教练的方式，支持和帮助业务伙伴。而这种方式，正是高素质增员所需要的。

高素质的人，在原来的行业中都是很出色的。但是来到寿险行业，他们原来的优势在保险业中可能是短板。在寿险从业过程中，可能还会暴露出很多需要加强的部分。因此，要适应这个行业，需要让自己作出很多改变。这个改变，需要专业教练的支持、反馈和陪伴。

第二，是擅长。做一件事情不光要喜欢还要擅长。

当年乔丹喜欢打棒球，拿到了 NBA 冠军之后，他毅然决然地去打棒球，在破旧的工地里面打比赛，成绩不尽如人意，经过两年之后又回到了NBA。乔丹虽然很喜欢打棒球但不擅长，当他回到自己擅长的篮球领域时，职业生涯就很顺利。

一丁老师跟我十年前见到的样子还是一样的，笑容和声音都很甜美。她说自己是天生的火爆脾气，但这么多年的接触下来我并没有觉得，她说这就是职业训练的结果。作为咨询顾问的职业训练，让她拥有很棒的亲和力，具备心理老师耐心倾听的特质，所以外勤伙伴都很愿意跟她相处。她曾完美地服务几十个外勤业务团队，从这一点就能看出来。

第三，是盈利。

做一件事情没有盈利的话，是很难持续下去的。

保险公司做增员要花很多成本。但只有增员优质的人才，并且在这个行业长久地做下去，产生持续的业绩，这个成本才没有浪费。

优增优育，可以提高增员的效率和留存率，这会给保险公司节省大量的时间成本和金钱成本，给保险行业带来利润，进而推动整个行业良性地持续发展。

第四，是有意义。

目前国内寿险行业的竞争貌似是白热化，但其实还有很多地方有待完善和提高。比如还是有很多人用不专业的方式销售保险，用人情保单来压榨人脉资源。有很多保险营销员，跟高素质、高水平的客户并不匹配。

记得刚入行做业务员的时候，当时一位老师跟我说，开奔驰 E 系列的营销员服务奔驰 S 系列的人还可以，但开捷达的营销员来服务，差距就有些大。如果你住在联排别墅，可以服务住独栋的客户；但如果你住在公寓或者筒子楼，去服务住在别墅的人可能就不合适，因为你可能理解不了那个阶层的人的想法。

目前中国寿险业非常需要高素质的营销员，去服务大量增长的中产阶级和高净值的客户。从这个角度讲，优增，是对整个社会都很有意义的事情。

第五，是做没有人做的事情。

去做空白无人区，给社会做一个填补，这本身就是很有意义的。

目前在寿险行业，在优增优育方面还没有形成一个成型的理论体系，大部分机构还是人海战术。

一丁老师做的优增训练，运用心理学中相关的理论，从职业生涯规划的视角来看保险的职业选择，这不仅是一个全新的角度，也能够帮助很多高素质的人少走一些弯路，有效地支持了保险行业。

做自己喜欢的、擅长的并且盈利的、有意义的，而且是目前没有人在做的。这是我选择工作方向的五个标准，一丁老师正好也符合这五点。

希望这本书能帮助更多的人才，在职业转变的时候少一些困惑，少一些彷徨，多一些可能性，更快地适应这个行业。

祝一丁老师能够在这方面有所成就，并且这个成就能够持续很多年，像我们"重疾不重"一样，有成千上万的人能够聆听。这也是我很愿意看到的结果。

最后，祝大家都有幸福的生活。

——丁云生

畅销书《重疾不重》《重疾革命》的作者

我第一次见到一丁时，她是一个略带羞涩的新手咨询师。

随着培训课程的慢慢深入，她在团体中，呈现出的一种令人难忘的气质，身体语言很轻松，动作快速而轻盈，当然偶尔也会犹豫不决。

某天课后，她第一时间来找我，讨论关于她对于家庭、事业、生活产生的一些困惑。我发现她如同鸟儿一般想要展翅高飞，却又因为种种原因，受困于各种羁绊。

在随后的课程中，我用舞动治疗的方式，给她做个案。我把手放在她的肩膀上，感觉到她慢慢安静下来。然后让她感悟这种稳定的力量，感受坚实大地提供的源源不断的能量。

一丁有非常敏锐的觉察力，她开始对自己有更多的了解，对自己的女性角色有更多的接纳和融合。

于是，改变就这样在她身上发生了。

她天生的聪慧，让她在"体悟"人心方面有相当的敏感度。而作为心理咨询师，以及拥有的团体心理治疗师的训练和成长经历，让她更加稳定和开放，能够更加稳定地在团体中呈

现她柔性的力量。

在过去几年的督导过程中，我看到她将她在心理治疗领域的从业经历，融入她目前的企业教练和企业培训工作中。从认知与感受、意识与身体的不同层面，帮助人们觉察自身，了解自己。

这些工作，正是我非常希望看到的。

此次，我很高兴被邀请为本书写序。这本书巧妙地融合了心理治疗和保险行业的实践，既有创新性，又有实践意义。

衷心地祝福一丁，希望她凭着她对事业的热爱与敏感度，向读者传递她对于人本主义咨询、教练模式及行业特性的融合理解，和众多读者共同拓宽事业和生活的视野。

——艾琳·塞林博士（美）
临床心理学家和舞动治疗专家
美国人本主义心理学会前任会长

用心理学实现"顾问式优增"

11年前，当我有了第一个孩子后，我发现养育一个与想象中截然不同的新生命，是一件非常挑战的事情。我手忙脚乱地找了各种育儿书开始学习，这个过程中我接触到了儿童心理学。

对于心理学的学习，仿佛是打开了一扇神奇的大门，我不仅找到了关于孩子教育的有效方法，懂得了如何更有效地与人沟通。更重要的是，通过学习我懂得了怎样更好地了解自己，跟自己相处，成为更好的自己。

几年后，当我有了第二个孩子，我辞掉了原来在保险公司的工作，选择一种相对更自由的工作状态，把更多的时间放在心理学的学习和心理咨询的实践上。

我常常会反思，之前在保险公司的培训和管理工作中遇到的各种问题：

为什么同样的培训，对有的人有效果，对有的人就没有效果？

为什么有的人一进入保险这个行业，就做得如鱼得水，有的人虽然努力，却依然做得很痛苦，最终还会离开？

为什么有的人会将团队越做越大，有的人

却会卡在某个瓶颈不能突破？

……

当我开始尝试从心理学层面去思考这些问题时，答案也开始越来越明朗。

很多人都会说做保险就是"修行"，或者说，是自我的改变和成长。这个改变，不仅仅是传统培训中的"知识"和"技能"在发生改变；从根本上来说，其实是行为模式和思维模式的转变，是不断突破自我限制，让自己更稳定、更开放、更有弹性的过程。最终，实现的是人格的整合、强大的自我和幸福的生命状态。

这样的改变和心理咨询要实现的方向，正好不谋而合！

带着这个发现，我开始尝试把心理咨询应用在保险行业的培训中。我改变了原来传统的培训模式，改用心理咨询中团体辅导的方式做销售和增员。通过一个个案例、一次次对话练习，帮助小伙伴们觉察自己固有的沟通模式和限制性思维，逐步养成顾问式的沟通姿态和更具有成长性的思维模式。

很幸运的是，我再次遇上了保险行业井喷

式发展的黄金期，越来越多的优秀人才开始加入保险行业。而伴随着保险市场上日益激烈的竞争，越来越多的管理层和团队带领者也开始意识到，建立和培养"优增"队伍，才是在这个行业发展的长久之计。

所谓"优增"，是指受过高等教育、有良好工作背景的准增员。他们绝大多数来自中产阶级，人脉资源好，自律性强，富有学习力，他们给这个行业注入新鲜血液的同时，也给传统的销售、增员和辅导模式带来了新的改变。

作为中产阶级的一员，我能深切体会到"中年""中层""中产"意味着怎样的焦虑：是职场中遭遇的瓶颈和身不由己；是时间被工作和家庭挤满的忙碌不已；是面对视野开阔、创意无限的年轻一代的危机感。

焦虑感往往源自不可掌控感。保险顾问，除了具有良好的发展前景之外，更重要的是，这种相对自由的工作方式和发展平台，可以让一个人更好地实现自己的价值，掌控自己的职业发展，真正成为自己的主人。

但是，对于中产阶级优增而言，自己放弃

原有职业，进入新的行业，在满怀憧憬和期待的同时，还有更多的恐惧和不安：

收入不稳定怎么办？

我不好意思向别人推销保险怎么办？

我上哪儿找那么多客户？

······

解决这些问题，靠的不仅仅是简单的话术，而是要以"顾问式"的沟通方式，更深入地和对方探讨，如何寻找自己的优势资源、如何打造和传播自己的个人品牌，如何最大化地实现自己的个人价值。

因此，从这个角度说，"优增"绝对不是简单地"拉"别人来做保险，而是和优秀的人一起讨论工作的意义和价值，探索职业选择中更多的可能性。

真正的顾问，应能够站在准增员的旁边，和他（她）共同勾勒未来的职业蓝图，最终选择保险作为更优的职业路径。

我把这些关于优增的思考和教练课程中的经典案例，都总结在这本书中，同时加入了一些心理学知识和职业生涯规划的内容。这些案例都是来自真实的市场实践，经过艺术化和故事化的处理。为保护当事人隐私，我修改了案例中的人物名字，并加入了一个起串联作用的线索人物——保险营销员小曾，通过小曾将这些案例一一呈现出来。

希望这种"心理学＋保险"的模式，能帮助保险行业中更多的从业者，成为真正的顾问；也期待他们能帮助越来越多的人，顺利选择这个行业。

更重要的是，让更多人在这个行业中，找到幸福的存在方式。

大家好，我就是小曾

顾问式优增

目录

推荐序 1 | 优增，是趋势 也有意义 | 003

推荐序 2 | | 010

前言 | 用心理学实现 "顾问式优增" | 012

第一章 | **准备篇** | 1

第一节 准增员究竟在想什么 | 3

第二节 "我怕增到质量不好的" | 9

第三节 "我销售还没过关" | 19

第四节 "我的准增员从哪儿来" | 29

第五节 抓住动机，精准邀约 | 35

第六节 什么是优增最重要的标准 | 43

第二章	**动力篇**	51
第一节	怎样寻找对方改变的动力	53
第二节	如何问出对现状的不满	59
第三节	怎么和准增员谈"未来"	65
第四节	巧用对比，凸显"更优"	72
第五节	动力部分的面谈地图	80
第六节	从"不想改变"到"想改变"	88
第三章	**拉力篇**	97
第一节	关于"拉力"的三个建议	99
第二节	"我年薪百万，却依然焦虑"	107
第三节	全职妈妈："我想成为孩子的榜样"	115

目录

第四章　　**阻力篇**　　125

第一节　"我担心自己不适合做保险"　127

第二节　"我不想向熟人推销保险"　136

第三节　"我家人不同意我做保险"　145

第四节　"我担心收入不稳定"　152

第五节　"我从哪儿找客户呢"　159

第六节　"做保险的人太多了，不好做"　168

第七节　"丢了原来的专业，太可惜"　176

第八节　关于阻力化解的三个建议　182

第五章　　**顾问式优增的成功关键**　189

后　记　　**通过工作，实现更好的自己**　199

顾问式优增

To Be A Real Consultant

第一章

准备篇

顾问式优增

T o   B e   A   R e a l   C o n s u l t a n t

第一节 　准增员究竟在想什么　　　　// 3

第二节 　"我怕增到质量不好的"　　　// 9

第三节 　"我销售还没过关"　　　　　// 19

第四节 　"我的准增员从哪儿来"　　　// 29

第五节 　抓住动机，精准邀约　　　　// 35

第六节 　什么是优增最重要的标准？　// 43

第一节　准增员究竟在想什么

To Be A Real Consultant

增员，从来都不是一件很容易的事。

有时候，我们花了很长时间去追踪一个准增员，他（她）提出各种反对问题，迟迟不能作决定。

有时候，我们觉得跟这个增员谈得好好的，可他（她）却突然变卦，说找别的工作了。

还有时候，我们费了九牛二虎之力终于让一个人入司培训，但不久之后，他（她）就因为各种原因而流失，甚至还可能不欢而散。

之所以有这些困难，是因为，对每个人来说，更换职业状态都是一个比较大的"改变"。想要有效推动他人实现"改变"，我们就有必要先了解一下，人在改变过程中的心理机制。

任何人在任何情境下的"改变"，虽然具体原因各不相同，但归纳起来都会有共同的心理机制。也就是：

在决定要不要作出改变时，内心存在两股相反的力量，一个是动力，一个是阻力。

所谓动力，就是推动一个人改变的内在力量，或者叫动机。而阻力，则是阻碍一个人改变的内部和外部力量。

动力，也可以称为动机。我们每个人每个行动背后都至少有一个动机，这是推动改变发生的最根本的力量。

在增员过程中，动力表现为准增员对现状的不满，或者是对未来的期待。每一个成功的增员案例，从根本上说，是因为准增员自己想要改变，也就是动力足够强。

与动力相伴而生的是阻力。

"改变"意味着从已知的、确定的状态，进入未知的、不确定的状态。大多数人对于未知和不确定的事物，持有的态度中都包含担心、焦虑和回避。改变越大，担心越多，也就是阻力越大。阻力往往是以各种反对问题出现。增员之所以不容易，原因也在于此。

在培训课程中，大家往往最喜欢听有关反对问题处理的内容。在面谈中，一旦出现反对问题，处理反对问题也会成为面谈的焦点。

但事实上，不强化动力，单纯地化解阻力，也就是处理反对问题，往往并不能真正解决问题。

因为，一个人如果动力不够强，也就是不太想做一件事情时，就会有很多的借口和理由，说自己办不到。就算别人化解了这个阻力，他（她）还会有其他借口，成为新的阻力。反之，如果他（她）自己动力足够强，特别想去做，自己就会想办法化解阻力，克服各种困难去实现它，或者会主动求助他人，协助自己克服阻力。

因此，有效的增员面谈是一个"找动机—强化动机—化解阻力"的过程。

这个原理看上去很简单，但实际面谈中，能做到并不容易。因为我们大多数人在面谈中，更习惯使用的是另一个力量——"拉力"。拉对方改变，拉他（她）来做保险，也就是跟准增员摆事实、讲道理，讲行业优势、公司优势和保险这份职业的发展前景。

有效的增员面谈中，拉力的使用一定是在强化动力之后。没有动力的情况下，过多或者不恰当地使用拉力，往往适得其反。究其原因，主要有两个。

一方面，拉力是一个外部的力量，它能够产生作用的前提是，一个人内在有改变的动力。如果内部动力不足，单纯地使用拉力，结果就是拉力越大，阻力越大。

具体到增员过程中，如果一个人没有明确改变自己的愿望，即使你花了很多时间和精力拉他（她）来，也不一定能增员成功。或者是就算来了，在随后的工作中，他（她）也会缺少主动性，管理的难度仍然会很大。

反之，那些成功的增员，往往不需要你花太多力气拉他（她），因为他（她）本身就有想改变现状的强烈愿望，也就是职业改变的动力。并且，这个动力会支持他（她）在随后的工作中，有非常主动的表现。

另一方面，由于每个人对于职业有不同追求的方向、不同层次的需求，因此在使用拉力的时候，并不是把关于行业和公司优势的相同话术，讲给所有人。而是要结合对方的职业诉求，有针对性地使用"拉力"。而要做到"有针对性"的前提是，我们在面谈的前期，经过一系列的提问，找到了对方改变的动力并且强化对方的动力。

因此，完整而有效的增员面谈应该是：

第一步，找动力——强化动力；

第二步，有针对性地使用拉力；

第三步，化解阻力。

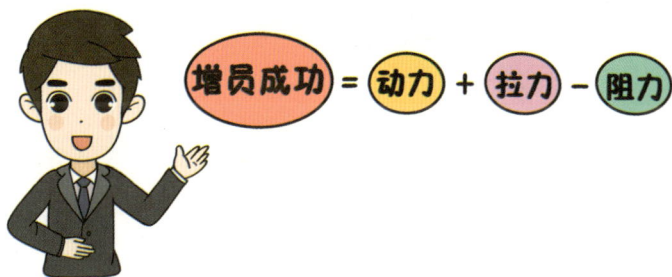

增员成功 ＝ 动力 ＋ 拉力 － 阻力

我们会发现，如果第一步和第二步做得足够到位的话，对方的反对问题并不多，或者即使有阻力，他（她）也会非常积极地和你一起寻找化解阻力的办法。

动力，才是推动一个人改变的最核心·力量。

第二节 "我怕增到质量不好的"

To Be A Real Consultant

在讨论准增员作出职业改变的动力和阻力之前，我们先来看看，我们自己在做增员这件事时，有怎样的动力和阻力。

拿销售过程来进行类比：当我们对自己的产品、对公司很有信心，对保险的意义与功能非常认可的时候，我们进行销售面谈的成交率就会比较高；反之，如果我们对某个产品不是很认可，或者觉得自己卖保险只是在挣钱，并不能真正帮助到客户时，销售面谈的效果就往往不是很理想。这中间的区别就在于，我们自己的动力是不是足够强。

上述结论在增员过程中也同样适用。

我们常常会发现，很多小伙伴做增员时，都有状态不稳定的现象：今天被公司激励了，或者马上要考核了，就赶紧去约人来参加事业说明会；明天增员面谈不顺利了，就会说，做增员太浪费时间，不如我自己做销售。

不稳定的状态就会导致不稳定的活动量，势必会影响到增员工作的效果。之所以不稳定，就是因为，对于要发展团队这件事，要么动力不够强，要么还有未化解的阻力。

我们通过接下来的几个辅导案例，来看看怎样激发我们自己做增员时的动力，让自己的状态更稳定，工作效果更好。

● ● ●

小曾是一名保险营销员。在保险行业经过半年多的积累和沉淀后，业绩逐渐稳定。他的主管和公司管理层都鼓励他发展团队。但他在增员这方面的工作状态并不是很投入，"三天打鱼两天晒网"。

在一次训练中，我和小曾有了下面的对话——

为什么我做增员一直没什么进展呢？

我感觉你好像并不是特别热衷于做这件事，似乎只因为公司和主管的要求才去做的，是这样吗？

嗯，是的。其实，我很怕接收到质量不好的准增员，以后不好管理。

你觉得什么样的组员是质量不好的？有什么具体的判断标准吗？

其实也没有，但很多时候我在营管处或者新人班看到一些新人，我就觉得如果我增员到那样的新人，还得费劲管理他们，那还不如我自己做销售。

我听上去，好像你对于"质量不好的准增员"并没有特别清晰的标准，只是看到了一些现象，对吗？

是的。

那我们换个角度想一想啊，你觉得"质量好"的准增员应该是什么样子呢？

最好是已经结了婚、有孩子的，做了父母的人比较成熟。

也就是说，你想找已经成为父母的人，对吧？那他们孩子的年龄，你有没有什么要求呢？

如果是爸爸无所谓，但如果是妈妈，孩子得稍微大一点，起码2岁以后、快上幼儿园的那个阶段。如果孩子太小，妈妈也没有太多心思工作啊。

那只要是孩子的父母都可以吗？
还有没有别的标准呢？

也不是光有孩子的就行，这人还
得有素质。

那你会用什么具体的标准判断他
（她）有没有素质呢？

标准很多啊。比如说，起码本科
以上吧，以前的工作背景要比较好吧，
要有学习能力，而且这人还不能太琐碎。

这些标准，除了本科以上，其他
听上去好像都不是很具体，比如，什
么样才算工作背景好呢？什么样算有
学习能力呢？什么样算不琐碎呢？

工作背景好，就是要看他（她）
原来的工作职级。已经有孩子的人，起
码应该30岁左右吧，如果到这个年龄，
还是公司的基层员工，这样的人，我会
怀疑他（她）的上进心或者工作能力。

所以你要找的是30岁左右的，
在公司有一定级别的人。对吧？

对，我觉得这个标准还挺重要的。

那学习能力怎么证明呢？

看他喜欢不喜欢读书，我会问他（她）平常都看什么书。

那怎么判断一个人是不是琐碎呢？

这个就要看闲聊时的内容，如果这个人一聊天就是家长里短，孩子啊八卦啊，那这样的人也不是我想找的。

也就是说，这个人要在事业上、精神上要有些追求的，是吗？

对，我想找那些有梦想的人，我要打造一个梦想团队。

哇，感觉你一说到梦想团队，立马显得很兴奋呢！

是啊，如果我能找到一批这样的人，我们一起做一些事情，实现一些想法，这不是很棒吗？

那你们想实现什么呢？

就是大家一起实现自己的梦想。我们每个人都可以在这里实现自己的目标，比如自己想要的收入、得到自己的成长，每个人都能成为自己的主人。

我们还可以向别人证明，做保险，不是大家以前认为的那样。这个行业有很多高素质的人，这个行业是值得大家尊敬的。

嗯，感觉你现在对于自己和团队的想法，越来越清晰啦。你想要打造一个梦想团队，是吧？

对，是这样。

……

　　这段对话中，小曾一开始说，因为怕找到不好的准增员而导致不好管理，所以不太想做增员。但我们发现，他之所以有迟疑，真正的原因是，他没有清晰的"准增员雕塑"。

　　通过一步接一步的提问，小曾对于自己要找的准增员的标准变得越来越清晰。这个过程中，使用的面谈技术称为"具体化"。

CCCCC

　　具体化，是指在面谈中，通过提问引导，把对方模糊、抽象的想法，转化为清晰、明确甚至有画面感的想法。

　　很多人习惯用概括性的语言来描述自己的情绪、感受和看法，但由于每个人表达能力和生活经验的差异，对同样的词语，往往有不同的理解或含义。

　　在面谈中使用具体化的方式，可以用来帮助对方理清思路、确认观点和强化动机。

　　这段对话中，我们用"具体化"来强化小曾想要做增员的动机。因为，人的目标越具体，越有画面感，就会越有冲动想要实现它。

　　每个人对于准增员的标准会有所不同，可能你的标准和小曾并不一样。但在进行增员之前，我们都需要一个明确、具体、有画面感的"准增员雕塑"。

　　具体化的做法，不仅适用于开始增员之前，在做各种活动的邀约之前的准备工作也同样适用。

　　如果每一次活动之前，我们都能根据活动的主题，联想到这个活动可以具体满足哪些人的需求，也就是这个活动会吸引什么年龄段、什么职业背景、具备什么特点的人。我们的邀约就会更加精准而有效。

关于邀约的这部分，后面还会有专门的章节来讨论。

刚才案例中，我们除了用具体化的话术来强化动力之外，在谈话的过程中，小曾更深层的动力也得到了激发，那就是关于梦想的实现。

可能很多人发展团队的主要原因是为了提高收入。

钱，确实是我们自己的动机中不可忽略的重要因素，它满足了我们最基本的生存和安全需求，但如果我们能通过这个工作满足自己更高层的需求，比如尊重、价值感和自我实现，那我们做这件事的动力会更强、更持久。

特别是现在，有越来越多"85后""90后"的小伙伴进入这个行业。这几个年龄段的人，没有经历过物质匮乏的年代，所以相较于物质层面，他们会更关注精神层面的需求，更在意这件事是不是有趣，是不是能实现自身的价值和梦想。

具体而有画面感的目标，最能激发人的行动力。

我的读书笔记

第三节　"我销售还没过关"

To Be A Real Consultant

小曾在整理自己的准增员名单之前，他又提出自己的另一个担心。

他说："我自己做销售时间还不是很长，我自己的销售还没过关，怎么增员别人呢？"

这是非常常见的阻力，很多刚开始做增员的小伙伴，可能都有类似的担心。甚至，有些比较资深的主管，在面对比自己背景更好、能力更强的准增员时，也会犹豫："准增员比我能力强，如果我增员了他（她），能辅导好他（她）吗？"

如果我们对自己有类似的怀疑，就一定会影响到增员面谈的效果。

接下来我们就通过小曾的案例，来看看怎么化解这种担心——

小曾，你是不是觉得自己的销售技术还不是很纯熟，所以现在增员怕不能辅导组员，是这样吗？

对啊。我想等我的销售做得很熟练之后，再开始增员，这样对别人也比较负责任。

那你觉得，达到什么标准才算销售做得很熟练？

我觉得起码要在市场上有比较多的实践，积累足够多的处理客户反对问题的经验。

所以你觉得要积累很多反对问题处理的经验，才算销售做得很熟练，是吧？

是啊。

那大约是多少个反对问题，才算足够多呢？

嗯……得 100 个吧。

那你现在积累了有多少呢？

 也就二三十个吧。

 　那好，我们就先按照100个反对问题这样的标准来讨论。假如在你积累够90个反对问题时，你遇到特别合适的人，你会增员对方吗？

 我会。

 　那也还不到100个呢？

　100个只是个大概的数字，也没有那么绝对。我觉得如果我有90个处理反对问题的经验，我也算销售做得很成熟了。

 　那如果是你积累了80个反对问题的经验的时候，遇到合适的人，会增吗？

那也会。

 　那70个呢？

嗯，会的。

 　那60个的时候呢？

嗯……还是会吧。

那有 50 个的时候呢?

那看具体情况吧。

看什么情况呢?

看这个人的情况。如果对方是那种能力很强的人,不怎么需要辅导就能做好的,我就会增员他(她);
如果对方能力很弱,需要很多辅导,我就不增员他(她)了。

如果一个人能力很弱,需要很多辅导,那等未来你自己销售做得很熟时,你会增员这样的人吗?

我应该不会增员这种人。

所以,如果是不适合的人,即使你销售技术已经很成熟了,你也不会增员。但如果一个人非常适合,即使你只有 40 个反对问题的经验,你也会增员他,对吧?

是啊。

你刚才说自己不想增员,因为自己目前只有二三十个反对问题的经验。现在你说,你有 40 个的时候,遇到合适的人,你就会增员。
所以,是不是你只需要再积累几个反对问题的经验,就可以开始增员了?

哎呀，老师，你这个慢慢递减的谈法真有意思。不过，你让我意识到，我原来的想法是有问题的，销售成熟不成熟不是个绝对的事。

太对了，成熟是一个过程，并不是一个明确的标准或者某个明确的节点。所以，你其实很难说，等到某个明确的节点再开始增员。最关键的是，这个准增员本身是否适合做保险。

那如果组员问我的问题，我解答不了怎么办呢？

你的主管，是不是能解决你所有的问题呢？

当然不是。

那你的这些问题后来是怎么解决的呢？

有的是我听培训明白的，有的是请教了别的同事，有的是我自己想办法琢磨出来的。

那你觉得在这个过程中，你的主管对你有什么帮助吗？

帮助还是有的，有些培训是他介绍我去听的，有些问题虽然他帮我解决不了，但因为他一直都很鼓励我，所以我也不会很绝望，会自己去想办法解决。

是啊，你看，从你自己解决问题的模式就能看出来，问题能不能解决，关键是内因。主管对组员的辅导，并不仅仅是直接给出问题的答案，更重要的是给组员支持和鼓励，让他用自己的资源，自己找到解决问题的方法。

哦，所以，我辅导组员并不是用我的经验解决他的问题，而是给他支持，让他学会自己找方法，来解决问题，对吧？那这和我销售做得纯熟不纯熟就关系不大啦。

我发现销售成熟不成熟不是个**绝对**的事。

太对了，其实很难等到某个**明确的节点**，再开始增员。

辅导的核心，是让组员找到自己的资源和自己解决问题的方法。

即使销售暂时不熟练，我也可以成为**教练型主管**。

这段对话中，我们首先用一连串问题，让小曾意识到，增员成熟不成熟，不是一个绝对的可以量化的标准，而是一个相对的发展的过程。

因此，诸如"等我销售做成熟了再开始做增员"这样的想法，本身是有问题的。

接下来，我们用小曾自己解决问题的模式，让他发现，辅导的核心，并不是直接给出问题答案，而是支持和引导组员，让他学会用自己的资源，解决自己的问题。

一个销售经验丰富的主管，如果不会辅导，只会把自己的经验告诉组员，未必能培养出销售成绩很好的组员。

同样，一个销售经验不是很成熟的主管，如果掌握了辅导的核心，也很有可能培养出销售高手。

从这个角度讲，做主管和做父母很相似，我们不需要苛求自己成为全能的主管，就像我们不要苛求自己成为全能的父母一样。

教练型主管要做的是一个观察者和支持者，观察组员，并和他（她）一起发现其自身有什么资源，支持并鼓励他（她），找到属于自己的，解决问题的方法。

解决问题的关键，
从根本上说，
是在问题提出者手中

我的读书笔记

第四节　"我的准增员从哪儿来"

To Be A Real Consultant

　　小曾消除了自己的疑虑之后，开始了行动的第一步，列准增员名单。但很快他发现自己能列出来的人很少，他问："我上哪儿找那么多想换工作的人呢？"

　　"不知道增员谁"是大家在开始做增员时，出现频率最高的问题。

　　而解决这个问题的根本，一方面是要克服自己的限制性思维，另一方面就是用更加具体化的"准增员雕塑"来激发自己更广阔的思维。

　　所谓增员中的限制性思维，是我们给自己设定的一些准增员要符合的条件。

　　比如，有人列名单的时候就会想，要增员那些性格外向的。那么，不太外向的是不是就一定不适合做保险呢？显然不是这样的。突破"外向"的这个限制，我们就能联想到更多的人。

再比如，小曾说要找"想换工作的"。这个增员标准看似是个指引，其实是限制了自己的思维。

我们来看下面的对话——

 你怎么判断一个人想不想换工作呢？

看他（她）的朋友圈，或者跟他（她）聊天。

 用这种方式，能找到多少想换工作的人呢？

很少啊，所以我正发愁列不出名单呢。

 会不会有很多人，对工作的现状不满意，想换工作，但是没有告诉你呢？

肯定有。

会不会还有一些人，对现状不满意，但是因为对未来没有更清晰的想法，所以现在暂时不想换工作呢？

那也一定有。

这些人是不是都有可能成为准增员呢？

哦，所以我要找的，不仅仅是想换工作的人。一个人只要对现有工作有不满，都有可能成为准增员。是吧？

太对了。"想换工作"其实是一个限制条件，突破了这个限制条件，你会发现自己可以找很多人谈。

但是我怎么知道，谁会对现状有不满呢？

我们列名单，其实就是列出，哪些人更有可能对现状有不满。
你觉得哪些行业、什么年龄段，或者是处于哪种职业阶段的人，更容易对职业现状有不满呢？

根据行业进行细分的话，是不是找那些不景气的行业？

对，有些行业受互联网冲击，或者受经济大环境的影响，整个行业发展呈收缩的趋势，就会有降薪和裁员的情况。你接触的人中，有哪些是这些类型的行业从业者呢？

这个就多了。

对，把这些行业的人的名单列出来。他们可能对工作的现状都有不满。

那年龄段和职业状态呢？

在某些行业，发展到某个阶段或者某个年龄段，很容易出现职业瓶颈。比如，在互联网行业，很多 30～40 岁的人，就会遇到发展瓶颈。在某些外资企业，晋升到管理层的某个阶段也会出现所谓的"职业天花板"。

明白啦，我知道很多妈妈生完孩子，会遇到职业瓶颈；还有很多 40 多岁的人，如果没有晋升到管理层，也容易陷入困境。

是啊。另外，还有一类人，就是一些专业人士，比如教师、医生、教练，如果没有理想的收入，是不是也容易对现状有不满？

嗯，对。我还想到两种人，一种是做销售的，一种是想创业或者创业不成功的。

你看，你从职业发展的角度，想到了这么多人，现在你可以看看你的通讯录里，有哪些人是符合这些标准的吧。

但是我怎么知道，谁会对现状有不满呢？

你觉得哪些行业，什么年龄段，或者是处于哪种职业阶段的人，更容易对职业现状有不满呢？

列准增员名单，是一个发挥自己创造性思维能力的过程。这个过程可以分成以下两步。

第一步，先列出自己现有的增员概貌，看哪些标准限制了自己的思维。

比如我们前面提到的"外向的""想换工作的"。突破这些限制，即使一个人其性格不够外向，或者暂时不想换工作，也是有可能成为准增员的。

我们会发现，容易限制我们思维的，往往是一些相对抽象的标准，比如"热情的""和善的""热心的"。这些标准在后期进行人才筛选的时候，会给我们一些指引。但是在初期列名单的时候，常常只会让我们想到某几个人，而不容易联想到某几类人。

因此，在第二步，当我们需要拓宽我们的思维时，就可以使用更具体化的标准，比如行业、职业类型、年龄、职业发展阶段。这些具体的标准，会激发我们联想到某几类人或某些准增员群体。

第五节　抓住动机，精准邀约

To Be A Real Consultant

　　活动邀约，是增员过程前期的必要环节。但如果不做精准邀约，邀约的效率往往会大打折扣。

　　小曾整理完自己的准增员名单，就开始陆续邀请准增员参加公司的各种活动。但是每次活动不是约不到人，就是对方明明在微信上说好了要来，最后却临时爽约。

　　我们来看这段对话——

　　为什么我总约不来人呢？

　　你每次都是怎么邀约的呢？

　　每次公司只要有活动，我就给准增员发微信，把活动介绍发给他们，看他们有没有时间参加。然后，大多数人都说没时间。有的人虽然没有在微信上拒绝我，但是到活动那天却没有来。

公司现在跟增员相关的活动都有哪些呢？

有事业说明会、有开放日，还有一些软性活动，比如一些讲座或者沙龙；我们团队还会有一些小活动，比如交友会、读书会什么的。

这么多活动，你有没有做分类邀约呢？

有啊，事业说明会和开放日，就约那些做过增员面谈的准增员；软性活动就约没有做过增员面谈的人。

你做的这个分类很好啊。那你邀约的时候，具体是怎么做的呢？

我就是编辑一个短消息，配上活动介绍的海报，发给我觉得有可能参加的人。

也就是说，你给每个人发的都是一样的短消息，内容不是有针对性的？

嗯，没有具体到每个人。

我们可以改善这个环节，让邀约更高效。

增员活动根据与增员主题的相关程度，可以分为逐层递进的三类。

第一类：和增员主题的相关性最弱，以建立关系、感受团队和公司氛围为目的。包括各种主题类讲座和沙龙，比如亲子活动、节日类活动、兴趣类活动等。

第二类：以职业发展为主题，旨在挖掘准增员的职业需求缺口，比如交友会、针对某个群体的职场沙龙、与职业生涯相关的读书会等。

第三类：与增员主题直接相关，以介绍保险行业、公司，以及个人分享为主题，比如事业说明会和开放日等。

准增员愿意花时间来参加一个活动，前提是这个活动能满足他（她）的某个需求，也就是说他（她）要有参加活动的动机。而要激发对方参加活动的动机，就一定要有针对性的邀请方式，能够让活动的特点和目标准增员相匹配。

精准邀约的核心就是"匹配"。

活动主题 — 匹配 100% — 准增员需求

嘉宾特点

我们继续来看对话——

那具体是怎么个匹配法呢？

比如说事业说明会，这种活动通常都会有某个嘉宾做个人故事的分享。那这个分享嘉宾其自身的特点就要和你计划邀约的准增员的需求特点相匹配。

比如，你下一次事业说明会的分享嘉宾，是什么样的人呢？

是一家银行的业务经理，有一对双胞胎，以前是银行的理财经理。

那你觉得什么样的人，会对这样的嘉宾感兴趣呢？

银行业的人、职场妈妈、二胎妈妈应该都会有兴趣。

对的，这其实是三类人。你会怎么给他们发邀约的微信呢？

把这个嘉宾的介绍发给他们。

光有这些还不够。你的邀约中，一定要体现准增员自己的需求，并且这个嘉宾的某些特点是和这个需求是相匹配的。

比如，有没有二胎妈妈跟你说过，觉得自己照顾俩孩子都忙不过来，怕没时间做保险。

有的有的。

这个就是准增员的需求，要在邀约中体现出来。比如说，"我记得你曾经说过，怕做了保险没时间照顾俩孩子"。然后用分享嘉宾的特点和准增员相匹配："正好我们有个同事，她是两个孩子的妈妈，我看她好像把家庭和工作都安排得很好。"

最后，提出邀请："要不你也来听听看她是怎么安排时间的？"

明白了，就是把嘉宾的特点和准增员的需求或者问题相匹配，对吧？
那软性活动该怎么匹配呢？

软性活动，就要把活动的主题和准增员的需求相匹配。你们最近的一次的软性活动是什么？

是一个关于性格与亲密关系的讲座。

你觉得会有什么人对这个讲座感兴趣呢？

我觉得很多人都会对这种话题感兴趣啊。

如果邀约时只是停留在"我觉得"的层面，就很难约到人，因为没有考虑到对方的需求。咱们换个角度想，你的客户或者准增员当中，有没有谁跟你抱怨过，比如"我老公整天就知道打游戏""我们现在除了孩子，也没啥可聊的"之类的话。

有啊，就是要约那种夫妻关系出问题的人，对吧？

有没有出问题，不是靠我们的主观判断，而是要听对方是不是表达过对现有亲密关系的不满。

明白啦。就是要约那些曾经跟我讲过，对亲密关系有困惑或者有抱怨的人。

对的。具体邀约的句式，也是和刚才一样，分成三段。

第一段，以"我记得你曾经说过……"作为开始，之后加上对方的需求；

第二段，活动主题的描述，这个主题一定是要和他（她）的需求相匹配的；

第三段，发出具体的邀请。

现在你可以根据近期两个活动的特点，再具体想想哪些人和这些活动比较匹配，怎么给他们编辑有针对性的邀约短信吧。

精准邀约的核心就是"匹配"。利用活动的主题，或者分享嘉宾的特点，与准增员的某个需求相匹配。

而在具体的邀约话术上，用"三段论"的方式，编辑"有针对性"的邀约短信，才能提高邀约的成功率。

要实现成功邀约，同样要找到对方参加活动的**动机**。

第六节　什么是优增最重要的标准

To Be A Real Consultant

　　增员之前，需要有准增员概貌，或者叫"准增员雕塑"。这个概貌是由一系列的标准组成的。但是，在这些诸多的标准中，哪个才是最重要的呢？

　　我们来看看准增员林女士的案例。

　　小曾的一个准增员林女士，在银行工作。每次跟小曾见面，她都会抱怨自己的工作很辛苦，经常加班，而且现在银行业大形势不是很好，自己的奖金和晋升前景也很受影响。最近林女士离了婚，自己一个人带孩子，生活压力更大。

　　小曾想推荐她来做保险，可林女士总是舍不得自己那份工作。

　　我们来看下面的对话——

怎么才能让她敢于改变，放弃现在的银行工作而转行做保险呢？

你为什么想增员这个人呢？

这个人很勤奋，工作很认真。这些都是符合我的优增概貌的。

除了以上这几条，你的优增概貌还有别的吗？

还有很多，比如工作和学历背景、爱学习、喜欢跟人打交道、比较自律、积极热情，等等。

那你觉得林女士符合你所设置的全部的优增概貌吗？

大部分符合吧。要找到十全十美的准增员是很难的。

确实是，人无完人。那你的这些优增标准中，哪些是最重要的呢？

林女士

我觉得林女士很勤奋，工作很认真。

那什么是你最重要的选择标准呢？

这个问题似乎是小曾从来没有想过的，于是我们开始一起探讨这个"最重要的标准"。

一个人对于外界发生的事情，有两种不同的归因方式："外归因"和"内归因"。大多数人都会倾向于把自己的成功归因于自己，也就是内归因；把失败归因于外部因素，也就是外归因。

归因是指人们如何解释自己和他人行为的原因，是人对影响或解释其行为的因素得出结论的一种认知过程。

如果一个人习惯性地把生活中遇到的所有问题，都归因于外部环境、他人和过去，"问题都是别人（环境）造成的，所以我也没办法"。这种思维模式就是"受害者思维"。

这种思维模式显然是违背客观事实的，而一个人一旦形成了"受害者思维"的模式，否定了自己的责任，也就放弃了自我改变和成长的可能性。

与之相反，另一种思维模式是"掌控者思维"。

"掌控者"会忠于客观事实，并承认自己生活中所有的好或者不好，都有自己的责任；在任何情景中，都有自己可以主动选择的部分。"掌控者思维"是一种成长性思维，它让一个人始终都能看到，生活中自己可以掌控、可以改善的那部分空间。

受害者思维　　　　　　掌控者思维

增员过程中，"受害者思维"的准增员，会比较容易被"拉"来做保险，但在展业过程中遇到困难，他（她）会归因于客户、主管、公司、行业。而"掌控者思维"的准增员，会认真思考自己职业发现的需要和动机，入职后遇到任何困难，也会积极地从自身找原因，寻找解决问题的有效方法。

所以，在所有的优增标准中，最基础也最重要的是，这个人是否具备"掌控者思维"，是否能够为自己的行为负责任。

那怎么判断一个人是"掌控者思维"还是"受害者思维"呢？我们来看下面的对话——

怎么才能判断一个人是"掌控者思维"还是"受害者思维"呢？

你要听对方在抱怨和吐槽之后，是从自身出发来寻找原因和方法，还是永远只停留在抱怨和吐槽的循环之中。

所以我下次见到林女士，应该问问她，对于工作，下一步怎么打算；如果觉得收入不满意，下一步打算怎么改善；对于婚姻，除了对前夫的抱怨之外，有没有一些总结，或者自己未来可以改善的部分。

太对了！如果她是"受害者思维"，那么她并不是适合的准增员；如果她具备"掌控者思维"，接下来，你要做的就是去强化她想要改变的动力……

很多人最初选择保险行业，就是因为这个职业"自由"。但是，我们会发现，并不是每个人都能真正地享受到这份"自由"。

传统职业中，上班的时间、地点、收入、晋升这些相对固定的因素，对很多人来说，是一种约束的同时，未尝不是一种有安全感的依托。而一旦离开传统职场，获得"自由"的同时，可能还会伴随产生一些恐慌、孤独的情绪以及没有依托的焦虑感。

这个时候，是不是能够突破这些恐惧和焦虑，勇敢地拥抱"自由"，就取决于一个人是否愿意真正为自己的未来负责，是否敢于直面自己的优势和局限，是否愿意改变自己，突破这些局限。也就是，是否具备"掌控者思维"。

就像《少有人走的路：心智成熟的旅程》[1]那本书中写的那样，做到"延迟满足、忠于事实、求得平衡、承担责任"。

从这个角度说，做保险，成为自主职业者，也是一个"心智成熟的旅程"，开启一段新的自我成长的旅程。

---

[1]《少有人走的路：心智成熟的旅程》［作者：（美）斯科特·派克（心理医生）］

一个人，只有承认并做到**为自己负责**，才能实现真正的自由和自主。

我的读书笔记

顾问式优增

To Be A Real Consultant

顾问的角色是陪伴和支持

昨天在朋友圈里，看到一位好友发圈："你上一次收到手写的信，是什么时候？"我上一次，应该是一丁老师结训时候的那一封，我们结束了一段教练课程，老师陪伴我们走过一段孤独的时光，每一字每一句现在还有情绪的味道，可见陪伴的力量是多么强大。

——某公司"90后"新生代 保险专业毕业

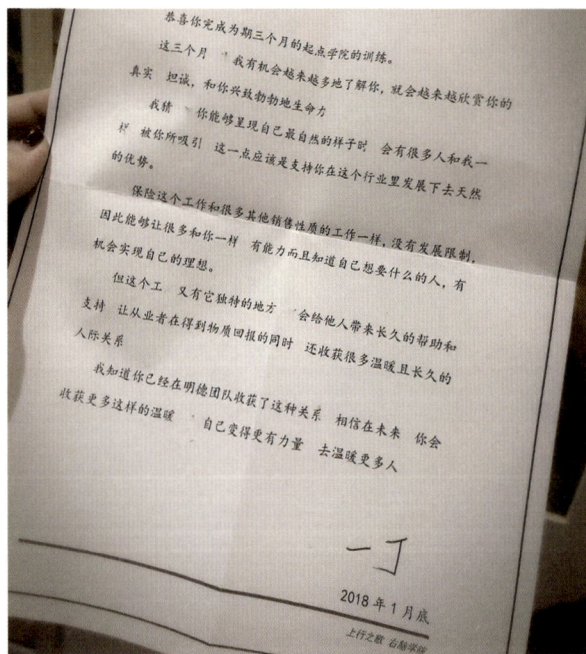

顾问式优增

To Be A Real Consultant

第二章 动力篇

"每一个人的内心都有两股矛盾的力量。

一股力量出于畏惧而坚持安全和防御，倾向于倒退，紧紧依附于过去，害怕成长会脱离同母亲的原始联系，害怕承担机遇和风险，害怕损害了他已有的东西，害怕独立、自由和分离。

另一股力量推动他向前，建立自我完整性和独特性，充分发挥他的所有潜能，建立面对外部世界的信心，同时也认可他最深邃的、真实的、无意识的自我。"

亚伯拉罕·马斯洛
社会心理学家
《动机与人格》

顾问式优增

To Be A Real Consultant

第一节　怎样寻找对方改变的动力　　// 53

第二节　如何问出对现状的不满　　// 59

第三节　怎么和准增员谈"未来"　　// 65

第四节　巧用对比，凸显"更优"　　// 72

第五节　动力部分的面谈地图　　// 80

第六节　从"不想改变"到"想改变"　　// 88

第一节　怎样寻找对方改变的动力

To Be A Real Consultant

　　我们在前面提到过，人在改变的过程中，内心有两个最基本的力量：一个是推动改变发生的力量，就是动力；另一个是阻碍改变发生的力量，就是阻力。而动力，是推动一个人发生改变的最根本的力量。

　　因此，在增员面谈中，首当其冲的就是"找动力"，或者是"找动机"。

　　一个人想要改变现状的动力来自两个方面：要么是对现状有不满，要么是对未来有期待。所以，找动机也可以分为两个方向：一个方向，是和准增员讨论现状，寻找对方对现状的不满；另一个方向，是和准增员讨论未来，看对方现在的安排，是否能实现所设想的未来的目标。

一个人想要改变**现状**的动力
来自两个方面：
要么是对**现状**有**不满**，
要么是对**未来**有**期待**。

现状

未来

　　这个过程中，我们需要通过有效的提问，让对方讲出自己真实的想法，再通过敏锐倾听，抓住对方谈话中那些一闪而过的动机。

　　那怎样提问，才是有效的呢？这里有一个八字原则，叫做"由浅入深，积极关注"。

　　所谓"由浅入深"是指提问的方向，也就是从比较表层、泛泛的问题，慢慢过渡到比较深层、敏感的问题。这也是提问的基本原则之一。

　　我们在增员实践中，最经常遇到的准增员对工作的不满往往是与收入有关。但是一上来就谈收入，对于优增这个群体来说，并不是很合适。因为收入是个比较隐私的话题，大多数人，在没有实现充分信任的情况下，不太愿意暴露自己的收入情况。

通常我会建议大家从工作时间、工作强度开始谈起，这两方面不涉及隐私，但同时也常常是人对职业产生不满的原因。如果一个人经常加班、工作压力很大，会不会继续做下去，收入就是很重要的衡量标准。这个时候，再从工作的时间和强度，过渡到收入就不会显得那么突兀。

当然，我们在找动机的时候，不能仅仅停留在收入的层面。增员面谈如果只聚焦在收入上，对方的心态就始终是打工者心态，对于保险工作前期会出现的收入波动，就会产生很多的担心和阻力。一旦准增员遇到其他有获得更高收入的机会，他（她）就可能就会选择那个机会，而放弃保险。

因此，当我们的提问，从工作时间、工作强度过渡到收入层面后，如果可以的话，还要进一步推进，寻找一个人对于工作的更深层的需求，也就是关于晋升空间、个人成长和自我实现的部分。如果我们能够和准增员讨论到这些层面，准增员就有可能从打工者心态，转变为创业者心态，更敢于去改变自己。

从工作时间、工作强度、工作收入，再到晋升空间、个人成长、自我实现，这就是一个由浅入深的过程。

但是，仅仅知道提问的方向还不够。如果没有恰当的沟通姿态，连续的提问很容易变成"审问"，让对方觉得不舒服，进而拒绝回答。因此，有效的提问还需要做到"积极关注"。

所谓"积极关注"，是指我们在沟通中，总是能及时地发现和肯定对方积极的部分，哪怕对方这时候在讲一件消极的事情，我们也能找出这个消极事件的积极意义。

用"积极关注"的沟通方式和对方交流，对方会觉得自己被看见、被接纳，就会越来越愿意敞开自己的心扉，呈现自己真实的想法。反之，"消极关注"的沟通方式，比如反问和说教，则会让对方感觉到自己被批评、被攻击，就会越来越防御和封闭自己，听不进去你说的其他话，也不会告诉你他（她）自己真实的想法。

八字原则

由浅入深
积极关注

举个例子，比如，准增员说，自己现在在家带孩子，觉得特别充实、特别幸福。

如果我们说，你就不怕在家待着跟社会脱节吗？孩子早晚会长大的，等他们长大了，你怎么办呢？这就是非常典型的"消极关注"沟通方式。因为，这个反问，其实是在批评对方。对方一定会为自己辩解，告诉你陪伴孩子有多么重要。这个时候，我们就很难再进一步找到对方对现状的不满了。

反过来，如果我们支持她，肯定她在家带孩子这个选择，你猜准增员接下来会说什么？她一定会愿意跟你分享自己的生活细节。这个过程中，在家带孩子的辛苦、内心的低价值感，就会慢慢流露出来。对现状的不满，也就是动力，就出现了。

成功的增员面谈，始于"吐槽"，终于"反问和说教"。

我的读书笔记

第二节　如何问出对现状的不满

To Be A Real Consultant

增员面谈中，我们最初找动力，往往是从对方的现状开始，先找对现状的不满，然后再过渡到未来，谈对方对未来的期待。

那在实际的增员面谈中，我们可以问哪些问题，来挖掘准增员对现状的不满呢？

我们来看看准增员李先生的故事。

李先生是小曾的客户，在一家互联网公司工作。

表面上看，李先生的工作让人非常羡慕，虽然忙一些，但毕竟收入高、福利好，上班时间比较弹性，不必按时打卡。但李先生自己对工作真的那么满意吗？在一次顺路拜访的过程中，小曾和李先生聊起了工作的现状，发现事实并不是那样。

无论是销售还是增员，见面之前先看看对方的朋友圈，是个非常好的习惯。

一方面，通过朋友圈了解对方的近况，可以提前准备谈话的方向；另一方面，从对方朋友圈中的具体内容开启话题，也表达了对对方的关注。毕竟，发朋友圈这一行为，背后的动机之一，就是求得关注。

小曾在拜访李先生之前，先浏览了一下李先生的朋友圈。于是小曾就从李先生的朋友圈开始聊起——

李哥，最近工作挺忙的吧？我看您好几次在晚上发朋友圈，都半夜了还在办公室呢。

是啊，最近几个项目都赶在一起，天天加班到半夜。

要加到半夜啊，那真是好辛苦。不过，好在有加班费，起码钱多啊。

哪有，我们是不定时工作制，没有加班费的。

啊？没有加班费啊。那您工作这么拼命，年底晋升一定少不了您的。

唉，你真是不了解我们这一行，我们都是扁平化管理，没有那么多职级，也没那么多晋升机会。

那这么辛苦，老板年底还不包个大红包给您？

今年不太好说。前几年还好，今年的风向变了。

啊？风向变了？

是啊，你们外行可能都觉得互联网行业到处都是钱，到处都是机会。但其实这个行业变化特别快，风口随时都会变，钱也都是热钱，来得快走得也快。去年有几个方向，大家都觉得挺好的，但是没有及时开始做，今年那几个方向就已经不是风口了。

原来这样啊。我一直都觉得，做您这个行业的人，脑子得特别好使，不然也跟不上变化。

唉，我最近就常常觉得自己脑子不够用。这个行业真的是吃"青春饭"。公司里有很多"90后"，新鲜点子是真多啊，有时候我真觉得自己跟不上他们。

由浅入深，不满逐渐呈现

李先生

到此为止，我们会发现，李先生对他现在的工作存在很多不满和担忧，包括工作时间、收入、晋升空间和未来发展。这些都是推动他未来实现职业转变的动机，但这些动机并不是一下子涌现出来的，而是在和小曾的沟通中，慢慢呈现出来的。

小曾在这个对话过程中，运用的就是"由浅入深、积极关注"的八字原则。

首先，小曾用了非常高效的聊天开场的方式。

他问李先生："最近工作挺忙的吧？"用这个很具体的提问，把谈话的方向锁定在了工作的方向。

很多小伙伴在面谈中，常常会出现"尬聊"。其中一个原因，就是不会提问。比如，在面谈之初，如果只是问对方"最近怎么样啊？"，对方通常会回应说"挺好的"，接下来就很容易出现"没话找话"的尴尬。

因为"最近怎么样"这个问题太过空泛。亲密的好朋友之间可以这样聊天，但如果和客户的关系不是特别熟，对于这种指向性不明确的问题，客户的回应要么是没有什么实质内容的"挺好的"，要么东拉西扯一堆八卦。这些对于推动面谈都没有任何意义。

因此，具体的问题有助于明确后面谈话的方向，提高面谈的效率。

其次，在这个对话过程中，小曾始终保持"积极关注"的沟通姿态。

比如，李先生说经常加班，小曾就说"那真是好辛苦。不过，好在有加班费"。这就是关注了加班这件消极事件的积极意义。这时候，李先生就进一步吐槽"其实没有加班费"。然后，当小曾进一步积极关注说"没有加班费，那年底一定有晋升"的时候，李先生继续坦白说，"没那么多晋升机会"。

这个过程中，李先生慢慢呈现出他对工作越来越多的不满。特别是他后来提到，因为行业变化太快，自己会有跟不上的感觉，这呈现出的是他对未来职业发展非常深层的焦虑。

从最初谈到的熬夜加班，到后来呈现出来对职业发展的深层焦虑，这就是一个由浅入深、动机不断强化的过程。

　　那么，谈话进行到这里，是不是就可以拉李先生来做保险呢？如果这时候小曾跟李先生说，来做保险吧，然后开始讲行业优势和公司优势。很有可能，李先生会有推辞、有借口。

　　因为这个时候，小曾只是找到了动机，但动机还不足够强。所以，接下来的面谈中，我们还要进一步强化动机。

一个人只有推动其作出改变的动机足够强，才会产生改变的行为。

第三节　怎么和准增员谈"未来"

To Be A Real Consultant

我们会发现，很多人都对现状有不满，但并不是每个人都会去改变。大多数人都是处于想要改变，但又不敢、不愿或者不能改变的状态中。"想改变"是改变的动力，"不敢、不愿或不能改变"是改变的阻力。最终改变会不会发生，就取决于动力是否能够强于阻力。

因此，增员面谈中，找到动力之后，就要强化动力。而要让一个人改变的动力足够强，不仅要和准增员谈现在，很多时候，我们还要谈未来。

比如李先生这个案例中，我们发现，他对自己目前的工作时间、收入、晋升空间都存在一些不满，特别是对于自己未来职业发展有很多担忧，担心自己跟不上行业的快速变化。

但仅有这些不满还不够，我们还要看他是否有改变的打算。通过谈未来，我们可以判断他是不是打算改变。

如果他想改变，我们可以和他讨论，他对于未来更具体的规划以及这些规划是不是能实现自己理想的未来。但如果他目前还没有改变的打算，那我们就需要通过谈未来，让他意识到，如果现在不改变，就不能实现自己理想中的未来目标，进而强化他想要改变的动力。

我们来看下面的对话——

那您接下来打算怎么办呢？

还能怎么办呢？先干着吧。我最近也在找机会，看看有没有什么更好的。

您想找什么样的机会呢？

这个我也没太想好。我一毕业就在这个行业里，换别的行业我也不会干。

那就是在这个行业里，再换一家公司？

这个行业，好的公司就那么几家，除非运气好，遇到一个特别有眼光的领导，不然，就算换一家公司，面临的困境还是一样的。

好像您很希望遇到一个有眼光的领导，是吗？

是啊，我这个人执行力很强，但是对于大趋势、大方向的把握就不太准。

执行力强是个很棒的优势啊。

这得看在哪个层面。如果在基层，执行力强就是好员工。但是要往管理层走，就需要敏锐的判断力和眼光了。我在这方面就不是很擅长，所以这两年就有好几个机会都没有把握住。如果我能有个判断力很强的领导或者搭档，就能弥补自己在这方面的不足。

您对自己的分析真的很全面、很客观啊。我看您这行里好多自己出来创业的，您有这方面打算吗？

不是没有想过。但像我这样的人，要创业，就需要有个正好能弥补我不足的合伙人，选一个好的方向，才能出来做。

那您理想的合伙人或者合作模式是什么样子的呢？

首先得有眼光，这个是我比较欠缺的；然后，就是在合作过程中要平等，保留彼此的空间；最重要的是，合作中的责任、权利和利益分配要在一开始就明确地规定清楚。我见过很多合伙创业的，互相扯皮，最终都是因为利益的问题闹得不欢而散。

也就是说，如果有一个能和您互补的合伙人，在合作过程中，保持平等和边界清晰，并且有明确的制度保证利益，再有一个好的创业方向，您就会考虑创业这件事情了。

是啊。不过这几个条件都符合的机会，不好找。

创业的话，前期要承担很大的风险，这个，嫂子那边能同意吗？

她在这方面还挺支持我的。毕竟我们这些年有些积累，她一直鼓励我如果遇到好的机会，自己出来单干。倒是我自己想得会比较多一些，前期有资金投入没问题，没有工资也没问题，但是，不能影响家庭生活的质量。那种把房子押上去创业的事，我肯定不会去做。

李哥，听上去，您好像对于跳槽没有特别大的想法，反倒是如果有不错的创业项目，有合适的合伙人，并且如果前期投入没那么大的话，这样的机会，您还是挺有兴趣的，对吗？

是啊，我想找的就是这样的机会。

这段对话中，小曾的提问有三个关键步骤。

第一步，小曾问："那您接下来打算怎么办呢？"

通过这个问题，我们把谈话的重心从现状推到了未来。

如果李先生对这个问题的回答是，没什么打算。就说明他虽然对现状有不满，但这个不满，还不足以推动他去改变。这种情况下，我们就可以从他的未来着手，和他讨论，如果现在不改变，未来会是什么样子，进而强化他改变现状的动力。

而这个案例中，李先生说自己最近也在找机会。这就说明，他的不满已经大到足够让他想要改变自己的职业了。

那接下来的面谈，就可以进入第二步，即，和他讨论他未来具体的规划。

从李先生的回应中会发现，他对于自己的未来，其实没有一个特别清晰的想法，而是有很多困惑和纠结。比如：换别的行业，他不熟悉，没有经验；但如果还在这个行业里换其他公司，就可能还会遇到同样的困境。

对自己的未来没有清晰的想法，这种情况其实非常普遍。很多人对现状有不满，但迟迟不改变的原因之一，就是对未来没有想清楚。如果我们在面谈中，能够和准增员一起规划出更清晰的未来，他改变职业并选择保险的可能性就会非常大。

这里，小曾就和李先生一起讨论未来可能的两个方向：一个是在行业内跳槽，想换一份什么样的工作；另一个方向，就是创业的可能。

我们发现，相较于跳槽，李先生其实更倾向于找个合适的机会自己创业。

于是，第三步，小曾就和李先生进一步探讨关于创业这个方向的细节。这里，小曾用了具体化的话术，和他讨论对方心目中理想的创业模式以及他对于创业前期经济压力的看法。

这个过程中，李先生对于自己未来的发展，就有了越来越清晰的想法。

第一步：从现状到未来

第二步：讨论未来的方向

第三步：讨论创业的具体规划

到此为止，小曾和李先生讨论了后者对现状的不满，也讨论了他对未来的期待。那现在是不是就可以跟他讲保险的行业优势和公司优势，"拉"他来做保险了呢？这正是下一节我们要讨论的内容。

很多时候，改变"现状"的动力，来自于"未来"。

第四节　巧用对比，凸显"更优"

To Be A Real Consultant

　　我们发现，很多时候，当准增员刚刚开始表达自己对现状的不满，或者刚表示出一点对保险行业的兴趣，有的小伙伴就会迫不及待地跟对方讲行业优势和公司优势，也就是开始试图拉对方做保险。但这时候使用"拉力"的结果往往是，小伙伴们一拉，对方就会有很多反对问题出来。

　　就好比前面案例中的李先生，虽然李先生跟小曾谈了自己对工作现状的不满以及对未来职业的打算。但这个时候就"拉"李先生来做保险，未必就能"拉"来。

　　因为对于李先生来说，他对未来的打算是"跳槽"或者"创业"。如果这两个打算能够实现他对未来的期待，他就不会对保险这个职业选择感兴趣。也就是说，准增员此时虽然有改变的动力，但没有选择保险的动力。动力不足的时候，拉力越大，阻力就会越大。

那怎么激发他对保险的兴趣或者动力呢？

如果我们通过和李先生的探讨，让他意识到，自己现有的选择并不能实现自己理想中的目标，那李先生就会有动力去寻找其他的改变路径。

这时，当保险以一种更优的选项出现时，李先生就会对这个更优的选项感兴趣，进而作出选择。

这里我们运用的就是心理学上的"对比效应"。

"对比效应"指的是，人们在认识某一个事物时，如果把与它相关的事物列举出来，参照对比，这个事物本身的特点就会得到强化。

如果我们把保险作为一个职业选项，直接放在准增员面前，对方可能会有各种挑剔。但如果把准增员现有的职业选项作为一个参照物，通过比较，就能凸显出保险这个职业选项的优势。那么，他会有更强烈的意愿去选择这个更优的选项。

我们来看看小曾是怎么激发李先生选择保险的动力。

李哥，听上去，您理想的创业机会，要包括有眼光的合伙人、平等且边界清晰的合作关系、前期投入风险不要太大。那这样的机会，您现在找得怎么样呢？

我和一些人谈过，就感觉找合伙人比找老婆还难。适合我的搭档得是比较有前瞻性和判断力的人，但有这种特点的人，往往都有很强的控制欲。我和这样的人在一起，很容易就变成了上下级关系，而不是平等的合作关系，这个不是我想要的。

是啊，找到理想的合伙人，确实不容易。那项目这方面，找得顺利吗？

项目也还在谈。有几个机会，深入谈下去，发现都需要很大的资金投入，而且我也进行了评估，后期风险也不好控制。

那您觉得有多大可能性，找到您理想的合伙人和项目呢？

其实我最初没觉得这种机会那么难找，但这段时间下来，好像这样的机会还真是挺不好遇到的。也许我的眼光不够精准，而且像我这样偏谨慎的人，不太适合创业吧。

但我感觉到，您其实挺想出来单干的吧？

是啊，到我这个年纪，如果不搏一把，再等，等年纪大了，就更没有机会了。有人说，我们这个行业没有中年人。到了一定年纪，不管是体力还是脑力，真的拼不过那些年轻人啊。

我感觉，对于您来说，创业，意味着可以掌控自己的职业，对吗？

是啊，你说的这个掌控感，是非常关键的点。我有时候就觉得，如果继续打工下去，最终的结果就是被更年轻的人替代，自己的未来不可掌控，那种感觉真的很不好。

谈话进行到这里，不知道，大家有没有感觉到李先生内心的那种强烈的冲突呢？

一方面，他对于继续打工的焦虑，对于掌控自己职业命运的愿望越来越强烈。

另一方面，他又发现，以他自身的性格特点和自己对于创业机会的标准，似乎很难找到合适的机会。

当他意识到这两方面的矛盾时，李先生内心的情绪就被搅动得强烈起来了。

这种强烈的情绪，会推动他去寻求新的解决方案。

这个时候，保险就可以作为"更优"的职业选择出现了。

也就是，我们终于可以使用拉力了。

我们来继续看对话——

您刚才说，一方面自己想出来单干，另一方面，觉得自己好像不适合创业，是不是可以换一种说法，其实是传统的创业模式不太适合您？

传统的创业模式？

传统的创业模式，就是我们见到的大多数的创业模式，前期往往需要大量的资金投入，特别是互联网创业，前期更是烧钱，要么烧自己的钱，要么烧投资人的钱。

另外，传统的创业模式中，合伙人之间几乎是捆绑式的合作，要找到合适的人，彼此保留恰当的空间，避免利益冲突，这个确实很难。您说对吧？

是啊，那你的意思是，还有非传统的创业模式？

是啊，也有一些创业模式，是在某个平台上实现个人创业。因为平台提供资源，个人前期的风险和资金投入被降到了最低。同时，有明确的制度来保留合伙人之间的空间和边界。这样的创业模式，是不是比较符合您的创业设想呢？

你说的这个是……

您一定知道"罗辑思维"的罗振宇吧，他提出了一个理论叫"U盘化生存"，说的就是这种创业模式。互联网时代，更强调个体的品牌。有价值的人，就像U盘一样，自带系统，以协作的方式，在适合自己的平台上创业，把自己的价值实现最大化。

这个我好像听说过，但我上哪儿找这样的机会呢？

保险行业的发展模式，就非常符合这个理论，它提供了一个"个人创业"的平台。

也就是说，你现在的工作，不只是卖保险，其实是在个人创业？

是啊。我们公司提供了这样的一个自由开放的平台，我有明确的创业目标、步骤和计划，并且现在有一个小团队，大家正在一起来实现这个目标。

是吗？那你给我详细讲讲？

......

谈话进行到这里，我们会发现李先生已经表现出了很强的动力，主动地对保险产生了兴趣。

这个过程中，小曾的动力激发可以分成三个步骤。

第一步，小曾和李先生探讨了关于创业的可能性。

从合伙人和创业风险这两个角度入手，让李先生意识到，要找到符合他标准的创业机会，不那么容易实现。

第二步，小曾又和李先生讨论了行业内跳槽这个选择。

作为打工者，对未来的不可掌控感，再次强化了李先生想要通过改变，掌控自己职业命运的动力。

这时，小曾的第三步，就是向李先生呈现一个更优的选择。

通过和传统的创业模式作对比，保险作为一种更优的创业模式，不仅可以解决合作模式和资金投入这两个最困扰李先生的问题，还能满足他掌控自己职业未来的需要。

> 对比，本身就是一种强化。

第五节　动力部分的面谈地图

To Be A Real Consultant

　　我们通过李先生的案例，对增员面谈中最重要的部分，也就是关于动力的部分给出了一个完整的呈现，从"找动机"到"强化动机"，从"现状"到"未来"。

　　现在我们对动力的部分进行一个总结，并用面谈地图的方式，呈现这个部分的面谈逻辑。

啥是面谈地图？

面谈是目的明确，有逻辑结构的对话。
面谈中的逻辑，用思维导图的方式呈现
出来，就是面谈地图。

无论是销售面谈还是增员面谈，最终目的都是希望对方能产生"改变"的行为：购买保险，或是选择保险作为职业。因此，我们工作中的面谈就不能是普通的聊天，而是目的清晰并且有逻辑结构的面谈。

打个比方，如果我们把面谈比作一个改变之旅的话，这个旅程的起点，是对方的现状，而终点就是对方发生改变。我们通过提问来找动力、强化动力，让这个动力推动对方到达改变的终点。

但是，不同的面谈对象，对同一个问题，会有不同的反应，就好比旅途中会有不同的岔路。而一个成熟的顾问，就好比一个专业的向导，熟悉可能出现的各种岔路，并始终能够和对方一起，最终走向旅途的终点。

面谈中的逻辑，我们用思维导图的方式将其呈现出来，就像面谈中的一副地图一样。有了这个地图，我们就会很清楚地知道，面对同一个问题，准增员可能会有怎样的反应，针对不同的反应，我们又该如何应对。

关于在动机这个部分的面谈地图通常可以分为三个步骤。

第一步，我们从准增员对现状的态度出发，来判断他（她）的态度是属于动机明显的，还是动机不明显的。

所谓动机明显，就是准增员对现状有明显的不满。对于这类准增员，我们要做的就是强化对方的不满。也就是，由浅入深，挖掘对方更深层的不满。

一个人对工作的不满，有浅层的和深层的。浅层的往往是工作时间、人际关系、工作收入，而更深层的不满则是晋升空间、未来发展以及是否能实现自己的价值和理想。越是能触碰到深层的不满，准增员作出改变的动力就越强。

不成功的增员案例，往往都是由于对对方的动机挖掘得不够深层，并且过早地使用了拉力。

比如，准增员说对收入不满意，于是赶紧跟他（她）说，保险行业收入高。这就忽略了他（她）更深层的动力的强化。当他（她）发现做保险的前期，可能会有收入不稳定时，就会想，我还不如跳槽，找份其他的工作。

再比如，准增员对自己的工作时间不满意，如果我们直接用保险行业工作时间自由来吸引对方。准增员来了之后发现，上下班还要打卡，发现竟然比想象中的还忙，也有可能会放弃保险行业。

所以，当我们发现准增员对现状有明显不满时，先不要急于拉对方来做保险，而是先做动机强化，从浅层的不满逐步探索到更深层的不满。

但如果准增员动机不明显，也就是对现状没有明显不满，我们就要先找到他（她）的需求缺口，看能不能转化为动机明显的类型。

需求缺口是"现实自我"与"理想自我"之间的差距。

　　每个人理想中的自我，与现实中的自我都不可能是完全重合的，也就是说，每个人其实都有"需求缺口"。当人意识到自己的需求缺口时，通常都会有冲动想要弥补这个缺口。这种冲动，就是改变的动机。

　　这个缺口需要我们在面谈中去寻找和发现，也就是在面谈中做到"跟随"客户。如果需求缺口表现在工作和职业发展上，比如李先生的案例中，面谈的方向就会导入到增员。如果需求缺口表现在健康或财务安排上，面谈的方向就可能导入销售。

　　因此，对于动机不明显的面谈对象，作为顾问，我们究竟跟他（她）谈增员，还是谈销售，取决于对方的需求缺口是在职业发展上，还是在健康或者财务安排上。

　　从对方的现状切入，谈到对未来的期待，再找到他的需求缺口。这种谈法，我们称之为"现状－未来"法。

　　在市场实践中，主动来找我们咨询保险产品或保险工作的人，毕竟只是一部分，更多的客户和准增员，是动机不明显的。这种时候，我们都可以用"现状－未来"法去找缺口。

无论是销售还是增员，都可以用"现状-未来"法，找需求缺口。

现实自我　　理想自我

以上，是关于动机部分的第一步，先判断准增员是动机是否明显。

对动机明显的准增员，进行动机强化；对动机不明显的准增员，找动机，把对方转化为动机明显的准增员。

第一步

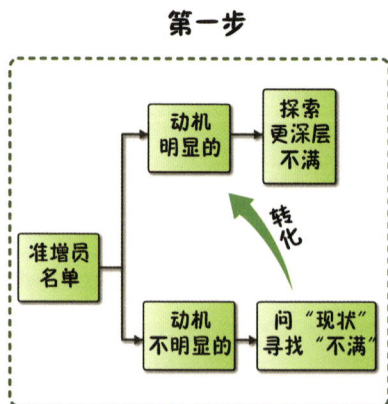

第二步，对于动机明显的准增员，再判断对方是不是想改变，也就是从现状到未来。

这个环节的关键问题就是，"您下一步打算怎么办？"通过这个问题来判断，准增员目前想不想改变。

如果准增员已经决定要换工作，比如前面案例中的李先生，我们就可以和他进一步讨论他理想中的职业未来是什么样的，有哪些标准。运用具体化的话术，来强化他想要实现这个理想画面的动力。

我们前面提过，当一个人未来的目标越清晰、越具体，就越有强烈的冲动想要实现它。

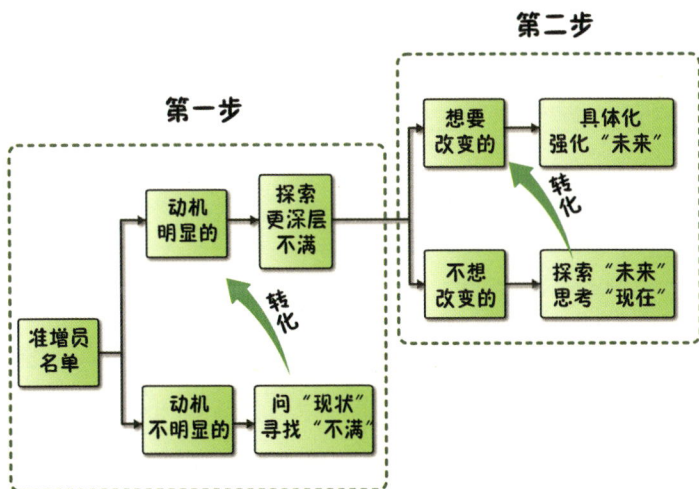

但假如准增员目前还没想着换工作，我们要从他的现状或者未来中继续找其作出改变的动力，让他（她）产生要改变的

想法。下一个章节，我们会用准增员刘小姐的案例来呈现这个部分。

只有当准增员进入"想改变"的状态，我们才可以进入第三步，证明保险是更优的职业选择，激发对方选择保险行业的动力。

在这个部分，在保险作为一个职业选择出现之前，我们一定要了解准增员自己现有的打算。如果他（她）现有的打算，就能实现他（她）想要的未来，那么保险行业就算再好，也不会对他（她）有太大的吸引力。只有当准增员发现自己现有打算的不足之处时，我们再提出保险这条职业路径，对方才会更愿意接受。

需要强调的是，在这个环节，千万不要批评对方现有的打算；也就是说，不要用反问、指责或者讲道理的方式。而是用探索式的问题和积极关注的沟通方式，和准增员一起探索现有方式的不足。

比如李先生的案例中，如果小曾反问他，创业有风险，您就不怕投的钱收不回来吗？合适的合伙人哪那么好找啊？李先生就会感觉到自己被批评，后面就很难向小曾呈现更多的想法。

但小曾用询问和探讨的方式，问他："这样的机会找得怎么样呢？""项目找得顺利吗？"这种关心和认同的态度，就会让李先生更愿意向小曾倾诉自己在找项目过程中遇到的困难，小曾才有可能和李先生一起找到他现有选择的不足。

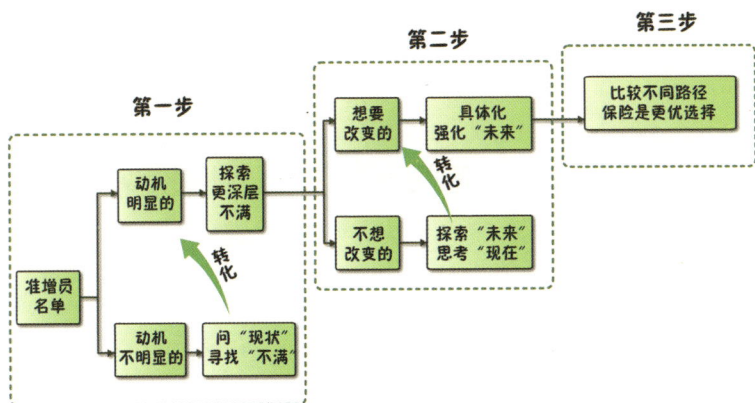

总结起来，在动力部分的面谈，就是用三个步骤来逐步探索准增员改变的动力，从浅层的不满到深层的不满，从现在到未来，从不想改变到想改变。再通过比较实现未来目标的不同路径，发现保险是更优的职业选择。

第六节　从"不想改变"到"想改变"

To Be A Real Consultant

　　在增员实践中，我们会遇到类似李先生这种，对现状有不满而且打算要改变的准增员；但还会遇到很多对现状有不满，但是因为各种原因，目前暂时不想改变或者不敢改变的人。

　　而且，我们会发现，越是工作背景好的群体，在考虑职业转换时，机会成本越高，越难以作出改变的决定。

　　前面我们提过，要让准增员有足够的动力去改变，除了谈现在，还要谈未来。通过谈未来，来强化动力，让对方从"不想改变"到"想要改变"。

　　这正是刘小姐这个案例的重点。

　　刘小姐，在一家银行工作。这几年银行业大环境的变化，也让刘小姐自己的工作状况受到很大影响。因此，小曾约了刘小姐，想聊聊她的职业近况。

当小曾得知刘小姐所在的银行里很多人被裁员，而且这两年她自己的奖金也大幅缩水时，就问她，下一步怎么打算，会不会考虑换工作。哪知刘小姐说，自己不打算换，因为明年可能就晋升了。

听到刘小姐这么说，小曾有些失望。他心想：整个行业都不好，你晋升了又能怎么样？现在银行业务这么难做，你晋升之后，压力不就更大了吗？

但紧跟着他就提醒自己，千万不要这么说。如果这样说出来，看似是为对方好，其实是在批评她，相当于站在了她的对立面。刘小姐如果感觉自己被批评，一定会为自己辩解或者反驳，后面就没法谈了。

于是，小曾赶紧调整了自己的态度。

这么好啊，是要晋升部门总负责人了吗？

不是，是二把手。我们部门领导明年就退休了，现在的副总肯定会接他的位置。那副总的位置空下来之后，应该就轮到我了。

太好啦，那我下次再见到你，是不是就该叫你刘总了？

也不一定啦，这种事，不到最后发公文，谁也说不准。

还会有变化吗？你应该是你们部门最资深、能力最强的人吧？

按道理应该是我。不过，万一"空降"个什么有关系、有背景的人呢？也说不好。这种事，在我们这行也不是没发生过。

你们这行还有"空降"这种事情啊？

是啊。这几年银行业没那么风光了，这种事少多了。前些年银行业情况好的时候，凭各种关系来的人特别多。

那现在人际关系应该比原来简单了吧?

我们在基层做小兵,人际关系也复杂不到哪儿去。但越往高处走,就越得"站队"。我们那些大领导们之间整天跟宫斗剧似的。

那你明年变成刘总,是不是也要参加"宫斗"啦?不过,你这么能干,这种事对你应该不是难事。

我还真就怕这种事。你要让我拼业务,我不怕,但要搞这种领导关系,我还真有点懵。

那你怎么办呢?

不知道呢。我就想着,能干就干,不能干就走人。

面谈进行到这里,我们发现,刘小姐对工作的态度已经和最初不一样。

一开始,刘小姐说,自己不会换工作,因为自己快要晋升了。但随着小曾的积极关注,她告诉小曾,晋升这件事有一定的不确定性。当进一步讨论到人际关系，特别是管理层的内部斗争时，刘小姐的态度就变成了"能干就干，不能干就走人"。

之所以会有这样的变化，是因为，小曾给她营造了安全的对话氛围，她愿意和小曾一起讨论未来，进而触碰到未来可能遇到的一个挑战，就是复杂的人际关系。

但仅凭人际关系这一点，还不足以让刘小姐想要改变。因为人际关系只是浅层的不满，所以小曾又继续和她讨论——

> 说到业务，等你晋升了，是不是就不用像现在这么辛苦地跑业务、背指标了？

> 当然不是啦。我背的指标还更大了呢，我得背全部门的指标。

> 果然是能力越强、责任越大啊。

> 前几年行业形势好，大家的指标都比较好完成，做领导就比较轻松。现在形势不好，下面的人完不成任务，那上面当领导的人就得扛着。
> 而且我们银行的考核特别严格，连续两个季度完不成就得去分行述职。要是一年指标都没完成，就得换岗了。

> 这么严格啊？像你能力这么强，完成指标应该不成问题吧？

不知道。大环境好的时候，多拼点酒就能把业务做下来。现在大环境不景气，我就算拼再多酒，客户没钱就是没钱，我也没办法。

我听说业务好的都是酒量惊人。

唉，有什么办法呢？只要在业务线上，喝酒就是少不了的。我原来就想着，什么时候能熬到职级高一些，不用总那么喝酒，我就可以踏踏实实地生孩子了。现在看起来，形势不好，就算我晋升了，也得带着我手下的人出去应酬。

那你什么时候要孩子呢？

不知道呢，再等等吧。我不熬出个眉目来，拿什么养孩子呢？

听你说这些，感觉好无奈啊。

是啊，人在江湖，身不由己。

即使明年晋升了，也还是身不由己？

晋升了钱不一定多太多，责任和压力却更大了，很多事情更由不得自己了。

你能力这么强，为什么不想着决定自己的职业发展，做自己的主人呢？

做自己的主人？我就是一个打工的，怎么做自己的主人呢？

假如你能决定自己的职业未来，你最理想的职业状态是什么样子的呢？

我希望我能不用这么忙，晚上不用总应酬，时间能自主一些……

到此为止，小曾通过对话，实现了刘小姐从"不想改变"到"想要改变"的转化。

刘小姐最初不想换工作，因为她的注意力都在明年的晋升上。这是一个近期的目标。

而我们大多数时候，往往会被眼前的利益或目标吸引，而忽略了未来更长远的事情。

　　于是，小曾先和刘小姐讨论这个目标实现的可能性，并由此进一步讨论，晋升后可能面临的复杂的人际关系、更大的压力和责任以及这些压力会对自己个人生活产生的影响。

　　当刘小姐的注意力从晋升这个近期目标，转移到晋升后更长远的未来时，她开始意识到，晋升后的工作状态并不是她真正想要的。

　　到这里，刘小姐对工作中各个层面的不满和担心，已经充分地呈现出来了。

　　除了收入，还包括人际关系、未来发展、工作对身体的伤害以及对生活的影响。

　　对现状的不满，加上对未来的担心，让她产生了深深的无力感。

　　这个无力感会推动她想要去改变现在的自己。

我的读书笔记

顾问式优增

To Be A Real Consultant

教练形式之一：一对一

教练并不一定知道所有问题的答案，但可以陪伴对方，支持他（她）用自己的力量，找到解决自己问题的答案。

在团体教练课程中，一对一教练可以用于示范共性问题的处理。

顾问式优增

To Be A Real Consultant

第三章

拉力篇

"所谓自主能力和自由并非是某个特殊技能
的内容，而是整体自我的一种性质——一种
思而后感、感而后择、择而后动的系列技能。"

罗洛·梅
存在主义心理学之父
《爱与意志》

顾问式优增

To Be A Real Consultant

第一节　关于"拉力"的三个建议　　　　// 99
第二节　"我年薪百万，却依然焦虑"　　// 107
第三节　全职妈妈："我想成为孩子的榜样"　// 115

第一节　关于"拉力"的三个建议

To Be A Real Consultant

准增员职业改变的过程中，会有三种力量，分别是动力、拉力和阻力。前面我们一直在讨论动力的部分。现在我们来看看拉力。

拉力，也就是对准增员的吸引力，包括行业优势、公司优势、团队优势以及我们个人的优势。

这是大家最熟悉的部分，也是使用得最多的部分。但很多增员失败的原因也是因为不恰当地使用了拉力。在动力不足的情况下，过早使用拉力，或者由于使用的拉力与准增员的动力不匹配，往往会让准增员产生防御心理，结果适得其反。

特别是对于高素质的优质增员，更不能不恰当地使用拉力。因为高素质的人，通常都有很强的独立判断能力。不恰当的拉力，会激发对方更强烈的阻抗。

那应该怎么使用拉力呢？这里我们有三个建议。

第一个建议：拉力，是结合准增员职业改变的动力，以有针对性的解决方案的形式来呈现。

比如，在李先生的案例中，李先生对职业现状的不满是，他感觉自己跟不上行业的变化，担心被年轻人所顶替。他自己现有的打算，是想通过创业，来实现职业自主。

但是在现实中，通过和小曾的讨论，李先生发现，很难找到符合他预期的创业机会。传统的创业方式很难同时满足他对于合作模式和资金投入的要求。但如果继续打工，很有可能就会被快速变化的行业以及更年轻的一代淘汰。这种矛盾，就是他职业发展的需求缺口，也是推动他改变自己的动力。

第一个建议

拉力，是结合准增员职业改变的动力，以有针对性的解决方案的形式来呈现。

这时候，小曾使用拉力，就把保险这份职业定义为，符合李先生标准的创业机会，呈现在他面前。

我们再来看刘小姐的案例。

刘小姐最初不想换工作，因为，虽然她的奖金比原来少，但她马上要晋升了，这个是现有工作对她很大的吸引力。但当小曾引导她把眼光放长远，讨论未来的工作情景时，她意识到晋升后，自己会面临更复杂的人际关系、更大的压力，也会更加身不由己，甚至会影响到她生孩子的计划。

这个时候她对于职业的态度，就从最初的满足于晋升发展为对未来职业状态的无奈。

第二个建议

拉力要在**恰当的时机**使用，也就是在准增员的**动力足够强**的时候使用。

人际关系、职业压力、发展空间，是刘小姐对职业未来不满的具体表现，但造成这些不满的深层原因，是她作为一个打工者，不能职业自主。这时候小曾就可以针对刘小姐的情况，把保险定义为一种职业自主的方式，来吸引刘小姐。

通过这两个例子，我们还能总结出使用拉力的第二个建议：拉力要在恰当的时机使用，也就是在准增员的动力足够强的时候使用。

那怎么判断动力是不是够强呢？有两个标准：

第一，你是否和准增员充分讨论了他（她）的职业现状和未来，让他（她）意识到，其现有的路径，不能实现他的理想。比如对于李先生，跳槽或者创业，都不是理想的选择；对于刘小姐，晋升并不能实现她更长远的理想。

第二，准增员是否有比较明显的情绪反应。比如李先生的情绪反应，就是危机感和焦虑感，而刘小姐的情绪反应就是身不由己的无力感。

关于拉力使用的第三个建议，是针对优质增员这个群体的。

优质的准增员，因为有不错的工作背景，在职业转换中机会成本更高，也因此会有更多的犹豫和纠结。

比如收入，虽然不是十分满意，但同别人比起来也算不错。尤其是上有老下有小，更不敢轻易放弃一份稳定的收入。比如工作时间，虽然很忙，忙到没有个人生活，甚至会对身体造成损害，但看在钱的份上，也只能忍着。比如未来发展，虽然心中也会隐隐有担忧，但总觉得职业风险不会发生在自己身上，或者干脆不去面对未来的职业焦虑。

因此，在和优质准增员进行面谈时，浅层的动力往往不足以推动对方作出改变，需要去挖掘对方更深层的动力；而相对应的是，在使用拉力的时候，也要用更高级的拉力，也就是关于工作的价值和意义。

这就需要，我们为保险顾问这份工作的常规优势赋予更深层的意义。

比如，很多人会被"时间自由"这个优势所吸引。时间自由更深层的意义是什么呢？为什么我们又会渴望时间自由呢？想想看，我们中的大多数人，似乎只有在很小的时候，自己的时间是自由的。从上幼儿园、上学开始，时间就变得不自由了，时间的安排是老师和家长说了算。工作后，时间是老板说了算。没有自己的时间，是很多人共同的苦恼。

因此，时间自由意味着，你可以自主决定自己时间的使用。这种自己做主的感觉是很多人都期待的。

再比如，保险行业的另一个优势是，发展空间不受限。这个优势更深层的意义是什么呢？

作为一个打工者，很多时候，由于行业大环境或者职场小环境的变化影响到自己，因而就会遇到职业发展的瓶颈。比如，卡在某个位置不能晋升；或者如同刘小姐那样，晋升后更加身不由己；又或者如同李先生，面临着被快速变化的行业所淘汰的风险。这些问题的根本原因在于，打工者不能决定自己的职业命运。

而保险行业，如果你把它看成一个创业机会的话，你对自己未来的发展就有非常大的决定权。可以决定自己以何种速度，发展到何种规模。也就是自主决定自己未来的发展空间。

第三个建议

对于优质增员，保险这个职业，最大的意义是提供一个空间，让你有机会**成为自己的主人。**

依此类推，你会发现，当我们去探索保险行业每个具体优势背后的更深层意义时，这些意义，都与"自主"相关。比如，做保险，你会有很多学习的机会，这意味着，你可以自主决定自己的成长方向。做保险，你可以选择自己喜欢的客户和组员，这意味着，你可以自主决定自己的人际关系。在保险行业只要足够努力，就能实现自己理想的收入，这意味着，你可以决定自己的价值。

无论是中产困境，还是中年危机，深层原因都是一个人对自己生活和工作的不可掌控，这种不可控、不自主必然会带来焦虑感和危机感。而保险，因为它可提供一个相对自由的空间，可以让一个人决定自己的时间、自己的成长速度、成长空间以及自己身边的人际关系，进而最大可能地决定自己的状态。通过练习逐渐学会为自己负责，最终成为自己的主人。

因此，关于拉力使用的第三个建议就是，保险顾问这个职业的最大意义是提供一个空间，让所有的优质准增员都有机会成为自己的主人。

掌控自己的命运，**成为自己的主人**，是一个人改变现状最强烈、最深层的动力。

第二节 "我年薪百万，却依然焦虑"

To Be A Real Consultant

在前面的章节中我们提过，对于优质的准增员，要挖掘其更深层的动力，并有针对性地使用更高级的拉力，也就是从关于工作的意义、自我价值实现的层面去探讨。

因为，优质的准增员往往有良好工作背景，要放弃原来的工作转而从事保险行业，机会成本比较高，因此也需要更大的勇气和动力。

我们来通过冯先生的故事，看看这部分怎么谈。

冯先生是小曾的校友，比小曾年长几岁，在一家地产公司做中层管理者，收入颇丰。小曾和冯先生一直保持着朋友圈的互动，也会不定期在学校的一些聚会活动中遇到。

小曾发现，每次见面，冯先生都会问他保险做得怎么样、收入长了多少。小曾感觉冯先生对保险行业是有兴趣的，于是跟冯先生约了一次单独的见面。

我们来看下面的对话——

师兄，我发现每次咱们聚会，您都会问我工作进展和收入的增长情况，谢谢您一直这么关心我啊。

这不用感谢，我很关注你的发展，也是想看看保险业是不是像大家说的那样，发展得那么快。

那以您的观察呢？

确实很快啊，你看你的收入每年都增长很多，这就是最好的证明。

对话进行到这里，你会不会想要邀请冯先生参加事业说明会？如果这样做，就是典型的"动力不足，过早使用了拉力"。很有可能，冯先生会有各种借口推脱。

我们先来看小曾是怎么找动力以及使用拉力的——

师兄过奖啦，我还得向您学习。您早早就实现年薪过百万，我们这些学弟学妹们都一直以您为榜样呢。

其实，光看年薪这个绝对数并没有多大意义，更重要的是增长率。收入再高，没有成长，就不是好事情。

师兄，这话怎么讲呢？

现在这个时代，别人都在进步，你不成长就是在退步。这几年地产行业在收缩和整顿，行业里已经有好几家大企业在裁员了。

不能光看年薪，更重要的是**增长率**。没有进步，就是退步。

我们这些学弟学妹们都一直以您为榜样。

您的能力这么强，再怎么收缩业务，也不会裁掉您啊。

这谁也说不好。去年有家央企裁员，裁掉的也有跟我资历相当的中层管理者。就算不考虑裁员的问题，我也希望自己每年都有进步和成长，总不能一年年地在原地打转。

感觉您说的增长，不仅仅是收入上的啊？

是啊，工作范围、管理权限、视野格局，这些都是需要有成长的。

您是对这几年，自己在这些方面的进步不太满意？

是啊，这些方面确实不如你们行业，感觉这几年你的进步特别明显。

师兄，您真是对自己高标准、严要求。那您觉得造成这种现状，除了行业整体的原因之外，还有别的原因吗？

行业是一方面，还有很多自己不能掌控的因素。

大家一直觉得您的能力超强，是那种"一切尽在掌握"的人啊。

在基层时，工作能力强确实能解决很多问题，但进入管理层，光有工作能力就远远不够了。项目能不能推进，我能不能晋升、会不会被裁员都不是我自己能完全决定的。

所以我感觉，"没有成长"之所以会让您感到焦虑，是因为这种"没有成长"意味着未来不确定、不可控，是这样吗？

对啊，就是不确定。前些年在基层的时候，就盼着自己进入管理层，能决定好多事情。进了管理层我才发现，依然很多事情决定不了也实现不了。你说，这总是做重复的事情，有什么价值呢？

所以，不"成长"还会让您觉得没有价值？

是啊，工作挣钱是一方面，谁不想做点有价值的事情呢？

明白了，您现在的情况是，因为不能决定自己的"成长"，所以就觉得焦虑，没有价值，对吧？

是啊，不进则退，有时候想想就挺没劲的。

如果换一种工作方式，您可以主宰自己成长的速度，掌握自己的发展进程，也就是做一个"自主职业者"，这种是不是您比较中意的理想工作状态呢？

"自主职业者"？我第一次听说，这是什么意思？

......

冯先生说自己不看重收入的绝对值，而看重增长率；不仅是收入的增长率，还包括各方面的成长。按照马斯洛的需求层次理论（需求层次金字塔），我们从冯先生的这些观点可以看出，对于他这样的高级职业经理人，工作要满足的已经不仅仅是生存层面和安全层面的需求，而是更高层次的关于尊重、价值感和自我实现的部分。

类似冯先生遇到的这种职业困境，在职场中并不少见。很多高级职业经理人，会在晋升到某个层面后，受制于各种外部限制，不能实现自己更高的职业需求。

小曾通过提问的方式，让冯先生意识到，他焦虑的根源是"不成长"带来的"不可控"和"没有价值感"，而造成"不成长"的原因，是因为打工这种工作方式，让自己没有办法决定自己的成长速度。

如果有一种工作方式，能够自主决定自己的成长方向和成长速度，对于冯先生而言，就是"更优"的职业选择。

当冯先生开始对这个"更优"选择产生兴趣时，保险就可以作为一种可以自主决定自己成长速度的工作方式，呈现给冯先生。

"自主性"，是保险这种工作方式对于高级职业经理人最有吸引力的点。只有激发高级职业经理人产生对工作更高层次的需求，他们才会有足够强的动力，放弃现有优厚的工作条件，为实现职业自主而选择"改变"。

越"优质"的人，越看重更高级的需求。

第三节　全职妈妈："我想成为孩子的榜样"

To Be A Real Consultant

　　全职妈妈是另一类常见的准增员群体。很多全职妈妈抱着"反正我有时间，做保险又自由"的心态，所以在增员过程中，难度并不大。往往轻轻一"拉"就能入职。

　　但我们会发现，如果全职妈妈的工作动机只是停留在这个层面，入职后的表现就真的很"自由"，家庭中会有各种理由影响其对工作的投入，进而影响工作的绩效。

　　造成这种情况的原因是，在面谈过程中，过早地或者不恰当地使用了拉力。保险行业的各种优势转移了准增员的注意力和面谈的重心，错过了对准增员自己动力的强化。

　　只有我们放下手中的"拉力"，才有可能找到并强化全职妈妈更深层的工作动力，也就是关于工作的意义和价值的部分，进而激发出全职妈妈们在工作上更强的行动力。

我们来看看阿文的故事。

阿文原来在一家公司做行政工作。自从有了二宝之后，就辞掉了原来的工作，在家照顾两个孩子。

阿文从小曾那里购买完孩子的保单之后，就主动咨询小曾，问小曾保险好不好做、收入怎么样。

大家注意，这里阿文是主动向小曾提出的咨询。

当对方主动提出问题时，这个问题背后，通常都有一个需求，也就是动机。

因此，无论是客户还是增员，当对方主动向我们提出咨询的问题时，回答对方的问题固然重要，但更重要的是，要探寻问题背后的需求，也就是找动机——他（她）为什么会问这样的问题，他（她）的需要是什么。

我们来看，小曾是怎么从这个问题开始，挖掘阿文的动机的——

> 阿文，你怎么好像突然对我的工作很感兴趣呢？

> 我就是问问。这不二宝现在也快上幼儿园了，我想着等他上了幼儿园，我白天就有自己的时间了，想找点事情做做。

我记得你原来的工作也挺好的，没想着继续回去做原来的工作吗？

原来的工作没意思，收入也不高。我那时候辞职一方面是因为有了二宝，另外也确实是不想干了。那么累，就挣那么点钱。我家里也不缺我那么点收入。

确实是啊，你先生这几年发展得这么好，以你们现在的经济状况，应该也不需要你出来挣钱。

他一个人挣的钱，现在确实也够花，但俩孩子以后花钱的地方多着呢，我要是能挣点钱，不是家里更宽裕吗？而且最关键的是，我在家一直待着也没意思。

这部分对话中，阿文主动来咨询小曾的工作情况，说明她对自己的现状有不满，有动机想要改变。

如果我们一上来就使劲拉她，跟她讲保险行业有多好、收入有多高，就错过了阿文自己动机的强化。

所以这时候，我们一定不要使用拉力，而是要由浅入深地询问，看看她对现状究竟有哪些不满，能不能找到更深层的不满。

通过提问我们发现，阿文对于收入这个部分有动力，但并不是很强。但"没意思"这个词却是反复出现了两次：原来的工作没意思，所以不做了；现在在家里待着没意思，所以想出来找事情做。

一件事有没有意思，每个人的具体定义都不完全一样，但往深处探索，一定是和价值、意义相关的。

接下来，我们就可以围绕"没意思"这个关键线索，和她讨论她什么才是有意思的事。

于是，小曾开始继续提问——

听上去，好像你就想找点有意思的事情做。如果这事有意思还能挣钱，就更好了，对吗？

是啊，我看你朋友圈里，整天不是旅游，就是学习，就觉得特别有意思。

你喜欢这些啊。我看你们家也经常旅游啊，一放假就带着俩孩子世界各地跑，多好啊。

带孩子旅游其实挺累的，全程啥都得操心，我得服务全家人。你们的旅游都是公司奖励的吧？

确实是奖励的，所有环节都是公司安排好的。

那多好啊，啥也不用操心，就去享受服务就好了。

所以其实去哪并不重要，你想要的是那种被奖励的感觉，对吗？

唉，我都不知道被奖励是啥感觉了。以前上班时，开年会还能领个奖。这几年在家里，每天睁开眼就是俩孩子。

别人夸我一句"好妈妈"，我就觉得是最大的奖励了。可是每次赶上孩子生病，或者像现在老大上小学了，要是哪天在学校里被老师点名批评了，我就想，我怎么这么失败啊，连当妈都当不好。

谈到这里，其实已经触碰到了阿文非常深层的改变动力，就是关于价值感的部分。

如果我们把自己的内心比作一个水杯的话，自我价值感就和水杯里的水一样。当我们内心的价值感高的时候，就好比水杯里装满了水，这个杯子就是稳的。我们会感觉到幸福，情绪会稳定，并且有能力去爱和支持别人。

反之，当我们内心价值感很低的时候，我们的情绪就不太稳定，也容易生气、发脾气。

所以，我们每个人内心都有被认可、被尊重的需求。

而很多在家带孩子的全职妈妈，往往因为缺少被认可的方式，自我价值感不高。

所以，当阿文谈到这里的时候，就显得很失落、很难过。这是比较强烈的负面情绪。

在沟通中，当对方表现出强烈负面情绪时，及时的认同和接纳是建立更深层信任关系的关键。

我们看小曾是怎么和阿文建立更深层的关系的——

嗯，我特别能理解那种感受，那么辛苦，但好像都没有人看到。

是啊。在家里待一天，累得要死。但别人就会觉得，你不就看个孩子？还有保姆帮忙，你有那么累吗？

带孩子真的好累，我放假在家带一天孩子，觉得比上班还累。

其实体力上累点也没啥，关键是没成就感。我记得前两天看手机上，有个小孩作文的截图，那小孩就写，我妈妈是个没用的家庭妇女。虽然是个笑话，却看得我心酸得不得了。我可不希望将来俩孩子都觉得我是个没用的家庭妇女。

是啊，我们做父母的，都希望能成为孩子的榜样。

嗯，所以我想做点什么事情，让孩子们觉得，自己的妈妈特别棒。

所以，工作对于你来讲，其实不仅仅是挣钱，更重要的是证明自己的能力和价值，成为孩子的榜样，对吗？

是的。

我们来总结整个面谈中的几个关键点。

第一，当阿文主动问小曾的工作情况时，我们要抓住问题背后的动机，就是她为什么想了解保险行业。

第二，阿文反复说到原来的工作"没意思"、在家"没意思"。我们抓住这个关键线索，问她什么是有意思的事。

第三，当阿文提到旅游和学习时，我们问她，家庭旅游和她所希望的旅游的区别。于是发现，旅游更深层的意义，是代表了一种认可和奖励，而这个才是阿文真正想要的。

第四，从孩子的角度来问，我们发现，阿文更想要通过证明自己的价值，成为孩子的骄傲和榜样。

谈到这个点上，阿文深层的动力就被激发出来了，她也会因此对这个工作更重视。

这个过程中，小曾并没有讲行业优势和公司优势，也就是没有使用拉力。他始终在用提问和积极关注的方式，逐步探索阿文对职业更深层的需求。

更深层的**动力**
会带来更高的重视度
和更持久的行动力。

我的读书笔记

教练形式之二：团体教练

将心理咨询中"团体治疗"的形式，结合教练技术，应用在业务团队的技能训练中。

团体成员之间彼此的支持、反馈、示范，能推动团体成员实现更有效的改变。

团体训练中，不仅有对话练习，还可以加入音乐、绘画、舞动、戏剧等心理治疗的元素，激发团体成员对自己有更多的发现，实现更深层的自我成长。

顾问式优增

To Be A Real Consultant

第四章

阻力篇

"既然压抑、退缩等消极品质能通过
一定的学习获得，那么乐观、高兴等
积极品质也一定能通过学习而获得。"

马丁·塞利格曼
积极心理学创始人

顾问式优增

第一节　"我担心自己不适合做保险"　// 127

第二节　"我不想向熟人推销保险"　// 136

第三节　"我家人不同意我做保险"　// 145

第四节　"我担心收入不稳定"　// 152

第五节　"我从哪儿找客户呢？"　// 159

第六节　"做保险的人太多了，不好做"　// 168

第七节　"丢了原来的专业，太可惜"　// 176

第八节　关于阻力化解的三个建议　// 182

第一节 "我担心自己不适合做保险"

To Be A Real Consultant

增员面谈中的阻力，也就是各种反对问题，根据出现的时间不同，可被分为两大类。

一类是防御型的反对问题。

这种问题常常出现在面谈初期，本质上是一种封闭自己、不愿意继续沟通的表达。既然对方提出问题是为了防御，那么问题本身不值得处理，而是应该从"关系"和"动机"两个层面入手。先用积极关注，建立安全接纳的对话关系，让对方愿意打开自己的心扉；然后再从对方的观点中找动机。

另一类是真实的阻力，是对改变发生后的"未知"的种种担心和疑问。

之所以有担心，是因为准增员开始考虑"改变"这件事了，也就是动力已经出现了。因此，这种阻力通常出现在面谈的中后期，是需要处理并化解的，这也是后面几个章节会涉及的内容。

比如上一章案例中的阿文，当她决定改变自己现有的状态，通过工作来证明自己的价值时，她的担心也一并浮现出来。她说自己已经好几年没有工作了，担心可能不适合这个行业，到时候做不好。

"担心自己不适合"是一个非常常见的阻力。

如果我们直接跟准增员说，你怎么不适合啊？你这么年轻、学历又好等与此类似的话。表面上看，对方似乎被鼓励了。但他（她）自己的优势资源并没有被真正激发出来，对于自己做保险这件事，可能还是会不自信。那么后续一定还会有其他的担心冒出来。

那应该怎么寻找准增员的优势资源呢？我们继续看小曾和阿文的对话——

阿文，你觉得什么样的人才算是适合做保险呢？

我感觉保险能做好的，都是那种特别外向、特别会说话的人。我本来就不是很外向，也不是特别会讲话。这几年待在家里，关注的也都是孩子的事情，更不知道跟别人聊什么了。

那你觉得，是不是性格外向的、会说话的人，就一定能做好呢？

那倒也不一定。

为什么不一定呢?

这人还得很勤奋才行吧。一个很懒的人,就算再会讲话,也一定做不好。

是啊,勤奋这一点真的很关键。你觉得自己是个勤奋的人吗?

这个方面我很肯定。只要我愿意做的事情,我是很勤奋的。

那太好了,你已经具备一个最关键的条件。除了勤奋,你觉得要做好保险,还需要什么条件呢?

要能做好的话,需要很会跟人搞关系吧?

那你觉得怎样才算会跟人搞关系呢?

就是我刚才说的，外向、会讲话啊。

比较外向的人确实比较容易和别人打成一片。那你觉得，外向的人，是不是一定就跟别人关系很好呢？或者说，内向的人，人际关系就一定不好呢？

这个倒不一定。外向的人，也有人际关系不好的；内向的人，也有和别人相处很好的。

那你觉得，建立良好人际关系的关键因素是什么呢？

我觉得主要看人品吧。诚实可信这点最重要。

是啊，信任是所有人际关系的基础。你觉得，不那么外向的人，在建立信任关系这方面，有优势吗？

还真是。如果一个我不太熟的人，一上来就特别热情，跟我说一大堆，我通常都会有防备；反倒是那些踏踏实实的人，我更容易信任。

我猜，你身边的人应该都挺信任你的吧？

还好吧，反正他们遇到什么事，经常会跟我聊。

是啊，因为你给人的感觉就很踏实。所以你看，你具备了第二个重要的条件，就是很踏实，容易让人信任。

但我不太会说话，我看那些做销售的，跟谁都能聊。我就不是那种跟谁都能聊很多的人。

我感觉，我们之间就一直聊得很好，你觉得是为什么呢？

因为我很信任你啊。

嗯，确实我们之间信任关系很好。还有别的原因吗？你觉得咱俩之间的谈话，是你说话比较多，还是我说话比较多呢？

咱俩一半一半吧……不对，好像我比你说得还多一些，都是我在讲我的想法。

那你有没有注意，我讲的是什么呢？

你就一直在问我各种问题。还有，就是我说什么，你都很认同，不反驳我，也不跟我争辩。我就比较愿意跟你继续讲。

你的观察很敏锐。一个好的保险顾问，最重要的不是有多会讲，而是要以客户为中心，要会提问、会倾听。自己讲太多了，反倒不会倾听了。

这个我特别认同。我有时候不愿意对我老公说一些事情，就是因为，我还没怎么说，他就给我讲一堆道理，气得我就什么也不想说了。回头我得让他好好学学倾听。

是啊，学会提问和倾听，不仅能把保险做好，自己其他方面的人际关系，包括家庭关系也会变得更顺畅。你之前说，特别美慕我，可以有很多学习的机会。这些都是我们日常学习的一部分内容。

是吗？这个我要学。我的学习能力还是很强的。

那更好了。学习能力是成为一个好的保险顾问的第三个重要条件。

要成为一个好的保险顾问，必须有最重要的三个条件：勤奋、诚信、学习能力强。这三个条件你都具备。你觉得自己适合不适合呢？

要是按照这个标准，我还挺适合的。看来，做保险不是我原来想象的那样。

是啊是啊，现在的市场环境不一样了，客户也更成熟。所以不是像十几年前那样，靠能说会道卖产品，而是和客户一起探索适合对方的财务解决方案，做一个专业、诚信又会倾听的顾问。

是啊，就是像你这样的顾问。

我感觉保险能做好的，都是那种特别外向，特别会说话的人。

那你觉得，是不是外向的，会说话的人，就一定能做好呢？

我们来总结小曾和阿文的这段对话。

阿文之所以会觉得自己可能不适合，有两方面的原因：一是由于认知上的误区，觉得做保险的人都是要外向而且能言善辩的；二是对自己的不自信。

小曾这里还有三个关键步骤。

第一步，问她，是不是外向而且会讲话的人，就一定能做好。通过这个关键问题，让阿文意识到，如果要做好这件事，还需要很多其他关键因素。

第二步，通过逐步询问阿文对于这个工作、对于人际关系的看法，让阿文发现自己的优势，那就是勤奋、诚信、学习能力强。当她意识到自己的优势时，就对自己做这份工作开始有了信心。

第三步，小曾通过总结自己和阿文的对话方式，让阿文消除了自己对保险工作方式的误解，重新了解作为顾问的沟通方式。

认知上的误解解除了，信心也建立了，阿文的担心自然得到了化解。

一个人最稳定的自信，来源于能够清楚地看到自己的优势资源。

第二节　"我不想向熟人推销保险"

To Be A Real Consultant

　　增员面谈中，准增员的反对问题往往不止一个，基本上是几个问题接连出现。从动力的角度讲，之所以会出现一个又一个担心，表明准增员在认真思考"改变"之后可能会遇到的各种困难，说明对方是有明确的改变动力的。

　　比如阿文，当她对自己有了更多信心，她开始更加认真地思考自己做保险这件事，就又提出一个新的问题。她说，我认识的人倒不少，可我总觉得跟朋友张不开口，没法向熟人推销保险，这可怎么办呢？

　　我们会发现，越是优质的准增员，在缘故客户开发这方面，越是会有这方面的顾虑。

　　因为优增意味着，准增员们拥有更高质量的人际关系网，也因为更珍惜自己的人脉，所以才会有顾虑。

我们来看小曾是如何化解阿文这个担心的——

阿文，你是不想跟朋友推销保险，是吗？

是啊，我都不知道怎么跟他们开口。我怕我一说自己做保险，他们会躲着我。

怎么感觉一做保险就成了怪物了？为什么你会觉得朋友们会躲着你呢？

他们肯定也怕我天天找他们买保险啊。我微信里有个人做保险，天天在朋友圈里发广告，我现在都把她屏蔽了。我就在想，如果我做了保险，我的朋友们是不是也都会屏蔽我呢？

所以，你和你的朋友，其实都不喜欢这种被推销的感觉，是吧？

是很烦啊。我可不想变成这样的人。

但是你好像没有屏蔽我的朋友圈啊，你为什么没有躲着我呢？

因为你没有天天发广告啊。你朋友圈里发的都是日常很有意思的事情，看着也不烦。而且你也没有缠着我，卖我保险。

所以你看，做保险其实有很多种不同的方式，对吧？

嗯，我比较喜欢你这种方式。

我没有发广告，也没有找你推销，那你回想下，你是怎么成为我的客户了呢？

是因为我自己有需要，正好我以前的同事说你不错，就向我推荐了你。

嗯，这个过程就有很值得总结的点。你为什么会有需要呢？

主要因为这俩孩子嘛。小孩子容易生病。而且，我觉得有了孩子后，就特别怕自己有点什么事，不能照顾他们。所以，有个保险，心里踏实点。

你觉得，现在这个社会，和你有类似需要的人多不多呢？

应该挺多的。我觉得我们这一代父母，给孩子买保险的人特别多。

是的,这些年人们的意识改变了,国家也在大力宣传,像你这样主动买保险的人越来越多了。那你觉得你以前的同事为什么会推荐我呢?

她说你很专业,人也很好,而且重要的是,不会老追着她卖保险。

你看,你的同事会介绍我,是因为两个原因,一是因为我很专业,二是因为她很认同我的沟通方式。所以,如果你能做到这两点,是不是别人也会因此而给你介绍业务呢?

哦,我应该做的,并不是向朋友们推销保险,而是让他们认同我做保险这件事。他们认同我了,他们身边有人需要保险的时候,就会向我介绍,是吗?

太对了,你的悟性非常高啊。这里面的关键,其实就是我们个人品牌的打造和传播。通过线下和线上这两个不同的方式,让更多人知道,并且认同你做保险这件事。支持者会成为宣传者,宣传者最终也会成为消费者。

那怎么让他们认同我的这个选择呢?

比如说,我是你的朋友。当我问你,你怎么会去做保险呢?你打算怎么回答?

那我就告诉你，这个行业很好啊，发展前景好，时间自由，还有很多学习机会。

如果你只是这样讲，估计你的朋友会说，你被保险公司洗脑了。

唉，我都能想得到。那我应该怎么说呢？

你觉得保险行业好，是因为你从我这里，或者从其他渠道获得了一些信息。但你的朋友不一定有这些信息来源，所以他们未必和你一样，觉得保险行业好。因此在这一点上，你们是没有共识的。

如果，你和你的朋友，从你们有共识的地方开始谈，是不是更好沟通呢？

那我应该说什么？

你之所以想做保险，一方面是因为这个行业好，但更重要的是，你想改变自己的现状，对吗？

对，这个我们之前聊过。

你作为全职妈妈，在家带孩子，这个状况是你的朋友们都了解的，对吧？

是的。

你觉得在家带孩子的这个状态不好，你希望做一些更有价值感的事情，能够成为孩子们的榜样，这一点，如果你告诉你的朋友，他们能理解和接受吗？

当然能啊，这一点，只要是当妈的，都会特别有共鸣。

你是妈妈，对孩子、对自己的身体会有担心；同时，你既想要照顾孩子，又想做一些事情来证明自己的价值。这些感受和需要，一定有很多妈妈和你一样。

所以，作为一个妈妈，你作出的购买保险和做保险顾问的选择，就一定会得到其他妈妈的认同。你说呢？

是啊，从做妈妈的这个角度出发，大家的感受都是一样的。每个妈妈都希望有时间照顾孩子，同时还能在工作上有一些成就，成为孩子的榜样。

......

对的，就是个人品牌的打造和传播。**支持者**会成为**宣传者**，**宣传者**最终也会成为**消费者**。

我现在要做的并不是向朋友们**推销**保险，而是让他们**认同**我做保险这件事，对吗？

　　阿文最初的顾虑是，不知道怎么跟熟人开口，因为不想跟朋友推销保险。之所以有这样的担心，是因为阿文有误解，以为卖保险就是要死缠烂打，她不想因此失去朋友。

　　小曾做的第一步，就是通过回顾自己与阿文认识并成交保单的过程，让阿文意识到，保险销售有不同的方式。中产阶级客户更接受专业顾问的方式，而不是强硬推销的方式。

　　第二步，小曾和阿文对具体的做法进行了讨论，也就是关于个人品牌的打造和传播。

移动互联网时代更倡导也更适宜个人品牌的打造和传播。做保险，在市场开发这方面，很重要的是让更多人知道自己的专业身份。因此，在初期，先要获得朋友对自己职业身份的认同，成为自己的支持者，进而成为宣传者，最终成为消费者。

第三步，小曾和阿文探讨，怎样和缘故客户沟通，才能更大可能地获得他们的认同。

那就是，从自己作为妈妈的真实感受和需求出发，引起其他妈妈的共鸣。阿文的朋友能够理解她作为妈妈对现状的不满，就有更大可能性接受她的选择。

朋友关系中包含了彼此的喜欢、认同、合作、互利。很多人之所以觉得向熟人推销保险很别扭，是因为如果我们把"推销与被推销"的模式加入"朋友关系"中，原本的人际关系就会因此被破坏。但运用顾问式的沟通方式来做保险，则是把"帮助"与"支持"融入到朋友关系中，必然会让这种关系更持久。

第三节 "我家人不同意我做保险"

To Be A Real Consultant

家人的反对，是来自于外部的阻力。

我们都知道，外因只有通过内因，才能起作用。因此，化解这个阻力的关键其实是准增员自己的态度。

如果他（她）自己也在犹豫不决，那么家人的反对就是他（她）的一个非常好的借口。这时候我们要做的不是讨论家人的态度，而是应该强化准增员自己的动力。如果准增员自己意志很坚定，而家人又确实反对，我们要做的，就是了解家人反对的原因，然后和准增员一起探索说服家人的方法。

我们来看看准增员大梅的故事。

大梅30多岁，在一家会计师事务所工作，经常加班和出差，工作强度和压力都很大。人到中年，随着自己年龄的增长，大梅越来越想换一份更自由，相对没有那么累的工作。

通过小曾，大梅了解了保险顾问的工作方式，也很看好保险行业的发展，就想辞职做保险。但她和先生商量时，却遭到了先生的反对。

于是，小曾先问她："如果先生不反对的话，您是不是就会辞职做保险？"

大梅说："我先生要是没意见，我肯定就来做保险。"

大家注意，小曾这里用了一个假设性的问法，如果先生不反对的话，以此来判断对方真实的态度。

如果对方说只要先生同意，自己就会辞职。那我们接下来就请她讲出辞职的原因，这就是在强化她的动力。然后用她自己的动力，去化解家人反对的这个阻力。

反过来，如果她说先生同意，她也会再考虑一下。那我们就知道，先生反对只是一个借口，她还有其他的担心，那个担心才是真正阻碍她转变的关键。

我们来看下面的对话——

那您想要换工作，最主要的原因是什么呢？

原来的工作太累了，经常出差、熬夜做报表。我已经不是20多岁的年轻人了，拼不起了。而且做财务这么多年，一直重复地跟数字打交道。下半辈子我想换换，跟人打交道。你之前不是帮我做过测试，我还挺适合跟人打交道的。

那现在先生反对，您又不喜欢现在的工作状态。您下一步打算怎么办呢？

我这也发愁呢。换工作不是个小事，我也不能不考虑他的意见。

如果不做保险，您还有没有其他的工作选择，不那么累还比较自由呢？

要想不累那很容易实现的，随便找个偏后勤一些的工作，就都没那么累。但我觉得那些工作没意思，就是混日子等退休。

您觉得什么样的工作内容算是有意思呢？

就是有价值、有成就感的工作。就像我现在的工作，每个项目完成的时候，其实挺有成就感的。只是这个工作的强度太大了，没日没夜的，中间这个过程太折磨身体了。

所以您喜欢把一件事做完带来的成就感，通过给别人提供服务来证明自己的价值，是吗？

是啊，所以我觉得保险这事就挺好的，跟做会计一样，都是提供专业服务，取得报酬和认可。而且这个强度没那么大，时间也自由，还能帮助别人。

也就是说，相比换一个偏后勤的工作，您还是更倾向于选择做保险，对吗？

对的。

那我们就来商量下，您怎么和先生沟通这件事吧？

这段对话中，小曾用了几个关键问题，再次强化了大梅自己的动力。

第一个问题，问她想要换工作的原因。

换工作的原因，也就是改变的动力。将它说出来，本身就是一种强化。

第二个关键问题，现在先生反对，您又不喜欢现在的工作，那下一步怎么打算呢？

一边是改变的动力，一边是阻力，都摆出来，通过问大梅的态度，来判断这两种力量哪个更强。

大梅说，她正在发愁。这说明两种力量旗鼓相当，让她很为难。

于是小曾就来强化动力，问她，如果不做保险，还有没有别的选择，可以满足她不累又比较自由的需要。

这时候，大梅就表达了她对于工作更深层的需要，不仅是工作时间和工作强度，更重要的是价值感和成就感。能够同时满足这几个条件的，似乎目前只有保险这个选择了。

当大梅对这个选择更加坚定的时候，她就会主动地和小曾一起寻找说服先生的方法。

我们继续看小曾和大梅的对话——

那您先生为什么反对呢？

他觉得做保险行业虽然发展前景好，但不如我现在的工作稳定。

他是很需要您有一份稳定的收入吗？

是的。他打算明年辞职创业，创业的话，前期收入肯定不稳定，所以家里起码得有一个人收入是稳定的。

而且，他觉得一做保险就整天在外面跑着见客户。因为他在创业前期，可能要在自己的事业上投入大量的时间，我要是天天也跑到半夜回来，家里的事情就没人管了。

哦，看来您先生是因为自己明年有创业的打算，所以很需要您有个稳定的收入和稳定的时间照顾家庭。那您对他的意见怎么看呢？

他的想法也是有道理的，毕竟做保险没有基本工资，我也不确定自己能不能做好、能挣多少钱。

如果我们能通过合理的计划和安排，让自己的收入相对稳定下来，并且能自主安排时间，是不是就可以满足您先生的需求，他也就不反对了呢？

那当然。

　　大梅在这里说了先生反对的原因，因为先生自己要创业，所以希望太太在收入和工作时间方面能稳定下来。这个需求是很合理的。

　　而当小曾问大梅自己的看法时，我们就发现，她之所以觉得自己不能说服先生，就是因为她自己也认为做保险收入不稳定。这个是更深一层的阻力。接下来面谈的重点，是让大梅对自己未来的收入和时间安排更有信心。

　　通过这个例子，我们就会发现，家人不同意，这个反对问题的背后，往往有更深层的阻力。

只有和准增员建立足够信任的关系，才可能发现这个真正的阻力；只有先强化准增员的动力，才能用他（她）自己的力量，化解家人反对这个阻力。

外部问题能不能成为阻力，取决于内在的**动力**。

第四节 "我担心收入不稳定"

To Be A Real Consultant

对收入不稳定的担心，是优增面谈中最常见的问题。优质的准增员通常都有很好的工作背景和不错的收入，如果选择保险这种没有底薪的工作是一个很大的挑战。

而作为家庭的中坚力量，大多数优增对象对于收入也有一定程度的刚需。因此，关于未来收入情况的讨论，是在增员过程中绕不开的环节。

很多小伙伴喜欢给准增员晒工资单，用自己或者其他同事的高收入吸引准增员。这种做法，可能对某些人来说是有用的。但对于另外一些准增员来说，可能会觉得"哦，你们情况和我不一样，我可做不到那么好。"

因此，对于收入对于这个问题，不能含糊地处理，一定要结合准增员自己的具体情况，和对方一起评估未来实现稳定收入的可能性，才能从根本上化解这个阻力。

我们继续看小曾和大梅的对话——

做保险的前期,因为需要你练习一些技能,同时积累客户市场。所以一定会有一个收入不太稳定的阶段。你心理上能够承受的,收入不稳定的阶段,大约是多久呢?

半年左右吧。

那半年以后,你希望自己的收入至少是一个什么水平呢?

最少的话,要2万每个月吧。如果我先生那时候开始创业,我起码每个月有2万元的收入,心里才不会慌。

在咱们这个城市生活,维持一个家庭的日常开销确实需要这个收入水平。那等你未来开始工作,你预计你的客户群体大概是什么样的人群呢?

我觉得我的大部分客户,应该都是和我差不多的阶层,就是普通的中产阶级的水平。

那应该就是家庭年收入在几十万到上百万元这个区间,对吗?

对啊,差不多。

那我们做个估算：2 万元的月收入，如果不考虑新人津贴的话，对应的保费大约是 6 万元。参考现在的市场情况，中产阶级的客户，每个客户每次买保险的保费是在 1 万到 2 万元之间；也就是说，你一个月大约签 3~5 个客户，就可以实现你的目标收入。如果加上新人津贴，收入就会更多一些。

那要签这三五个客户会不会很难呢？会花多少时间呢？

这个正是我要跟你确认的。你之所以打算换工作，是因为原来太累了。而且刚才你也说，先生开始创业之后，他希望你不要太忙，否则没时间照顾家庭。那对于做保险，你期待的工作时间是怎样的呢？

只要每天正常下班回家，周末基本上能保证休息，我就挺知足的。

那也就是每天工作时间是朝九晚五或者晚六，一周工作五天，对吧？

那是最理想的。一周偶尔加个班也没关系，只要不是像我现在这样就行。我们一做项目就天天熬到半夜。

那在时间这个问题上，你觉得你自己算是足够自律的人吗？平常时间的使用效率高吗？

小曾,你问这个问题就是不太了解我们这个行业了。我们所就是个工作狂聚集地,大家的时间都是按分钟计算的。高效那是必须要具备的素质。

那就太好了。我们可以按照你现在理想的工作时间再做一个估算。

因为在前期,你可能在学习上花的时间要多一些,比如每天上午的时间用来学习和训练,利用中午和下午的时间来见客户。如果每天见 1~2 个客户,一周的拜访量应该就是 5~10 个客户。如果不考虑其他的因素,每周这个工作量,你觉得自己可以实现吗?

就是跟 5~10 个人谈保险是吧,这个工作量没问题。

按照这个工作量来估算的话,一个月客户面谈的次数应该是在 30 次左右。在初期,你的面谈技能可能还不是很熟练,如果按谈 5 个成交 1 个的比例来算,一个月的成交客户就是 5 个左右。这样就能实现你预期的收入。

也就是说,如果我每天能有 1~2 个面谈,我的收入就很稳定了是吗?

是的,只要工作量稳定,收入就会稳定。这是这个行业的一个普遍规则。但要实现这样的结果,关键的前提是,你要做好自我管理,要足够自律,保证每天或者每周足够的工作量,这个你能做到吗?

时间管理和自律性,这个我没问题,毕竟在职场上历练了这么多年了。但是,我上哪找这个多客户呢?

......

这段对话，是对大梅未来收入的可行性分析，重点是关于工作量的计算。

这个计算过程，一方面是为了让大梅看到实现收入相对稳定的可能性。

到最后，大梅发现，要实现自己的目标收入，需要做的就是每天有 1 ~ 2 个面谈。这种目标细分的过程，让她对未来实现收入稳定有了更大的把握。

另一方面，这个过程也让她更明确了未来自己的工作模式和工作量，为将来入职后的辅导做好铺垫。

考虑各保险公司佣金政策会略有不同，各个城市收入水平的差异以及不同准增员具体情况的差异，这个案例中计算的数字仅供参考。

在开始这个计算过程之前，小曾还问了大梅两个关键性的问题。

一个问题，是问她能够承受的，收入不稳定的持续时间；另一个问题是她预期收入的最低水平。

这两个问题，都是在确认准增员对未来收入的预期。

无论是销售还是增员，都需要有一个环节，就是确认对方的预期，如果对方的预期过高，需要在给方案之前提前调整对方的预期。

人的满意度来自于实际水平与预期水平之间的差异。

如果一个人的预期水平很高，哪怕最后实际发生的水平已经很高了，但只要低于预期，他（她）还是会有不满意。

反之，如果一个人的预期水平不高，只要实际水平比预期水平高一点点，他（她）都会感到满意。

像这个例子中，大梅能够承受的收入不稳定的时间是半年，预期的最低收入是一个月 2 万元，这在大梅所处的城市，都是合理的，也是有可能实现的。因此，才有了后面的计算过程。

如果一个准增员，对自己最低收入的预期非常高，或者，能够承受的收入不稳定的时间非常短，我们首先要了解对方产生这样预期的原因，并尝试看能不能调整。

大梅对于收入的顾虑虽然解决了，但她又提出一个新的问题——客户来源问题，这正是我们下一节的主题。

化解"收入不稳定"的担心
1. 通过工作量计算，分析稳定收入的可能性。
2. 了解并调整准增员的预期。

第五节　"我从哪儿找客户呢"

To Be A Real Consultant

　　"收入不稳定"和"客户从哪儿来"是两个经常在一起出现的反对问题，也是准增员两个最核心的顾虑。通常，如果准增员没有做过销售，几乎都会提出类似的反对问题。

　　比如大梅，当她了解到，只要自己工作量稳定，收入就能稳定下来，她紧跟着就提出了客户来源的问题。

　　这个时候，如果我们只是告诉准增员："只要你服务做得好，自然就会有客户给你介绍"；或者说："找客户的方法，我们公司的培训都会讲的"。这种含含糊糊的说法，并不能真正打消准增员心中的顾虑。

　　要化解这个阻力，还是要针对准增员自己的情况，和对方一起讨论具体可行的方法。

我们继续看大梅和小曾的对话——

我以前做财务，认识的人毕竟是有限的，如果做保险，我上哪儿找那么多客户呢？

如果不考虑做保险，你会喜欢去认识一些和你有共同兴趣爱好的人，做朋友吗？

喜欢啊。

那你会通过什么方式来交朋友呢？

我特别喜欢打羽毛球，要是我辞职之后有了时间，我就打算去我家附近的体育场办张卡，坚持打球。

那很好啊。你计划多久去一次呢？

一周两次吧，平时晚上一次，周末一次。

那会认识一些球友对吗？

其实在球场上，大家互相认识很容易。互相交流技术啊，约着打比赛啊，或者谁买了好的拍子、球鞋啊，分享一下购买链接。

听上去，这是个很好的社交方式啊。你觉得每次去打球，会认识几个人呢？

要是打单打，每次起码一个吧。要是能凑成双打，每次能认识两三个。

如果我们按每次认识一个人来算，一周两次，一个月八次，也就是说每个月，通过打羽毛球，能认识八个新的朋友呢。

其实打球还真能认识不少人。我有个爱打球的邻居告诉我那个体育场有个专门的微信群，都是我们那边附近经常打球的，有上百人呢。回头我让她把我也加到群里。

刚才听你说到邻居，你平常跟邻居们互动多吗？

很少。大家虽然住在一栋楼里，但平常都没啥交流。

那你说的这个爱打球的邻居，是怎么认识的呢？

就是有一次一起等电梯，她拿着球拍，我一看那身打扮就知道是刚打完球回来。我就问她，是在哪儿打球的，球场怎么收费啊，然后就认识了。

看来如果能找到共同话题，就能互相认识，对吧？那你觉得还能跟其他邻居找到别的共同话题吗？

你这么一提醒我才想起来，我们小区的活动还挺多的。我记得以前告示栏里贴过，有跳蚤市场、晚上的舞蹈队，还有组织小孩子周末活动的。微信上有业主群以外，好像还有个吃货群，专门团购好吃的。

这么热闹啊。

是啊，我就是因为天天工作太忙了，你看我错过多少有意思的事啊。

那你们小区有大约多少人呢？

我们小区得有好几千人吧，十几栋楼呢。我突然觉得，我要是能好好开发一下，没准能有好多客户呢。

是啊，你觉得可以怎么开发呢？

我要是有了时间，我就可以参加这些活动，加入这些群。我自己也可以组织活动。

你看，我们以你为中心，画出你的人际网络，我把这个称为太阳图。你在中心，从你这里辐射出去很多线，就代表你不同的社交渠道。刚才我们讨论了两个社交渠道：一个是打羽毛球，一个是小区的邻居。我们也分别讨论了这两个渠道、你的社交计划以及还有可能认识的人的数量。

那你现在再想想，根据你的性格特点、兴趣爱好，你还能想到哪些社交渠道呢？

我想想啊，哎，我觉得我能想到很多渠道啊。怎么感觉我马上要变成社交达人了呢。

是啊，我们每个人都能成为人际网络中的小太阳，这里面的关键因素就是主动社交。当我们自己变主动了，就会发现身边有很多不同渠道，可以进入很多不同圈子，认识很多有趣的人，生活也变得特别丰富多彩。

这正是我想要的生活啊。

这段对话的核心，是关于如何开发市场找客户。

小曾和大梅一起探讨的拓客方式，叫"主动社交"。

　　主动社交，就是根据自己的性格特点、兴趣爱好，主动参加或组织一些社交活动，通过社交活动和他人建立关系，最终达到拓客的效果。

　　一方面，互联网对现代人的社交方式和社交关系的改变产生了极大的影响。互联网为现代人提供了更多的线上社交的机会，可以与更多人有更多联系。但在线下的现实世界中，人与人之间却似乎更疏离，陌生人之间更防备。

　　现代人在为线上社交付出更多时间的同时，也变得更孤独。

因此也更渴望高质量的线下社交活动，更需要让自己有归属感的社交圈。

这种普遍的心理状态，让"主动社交"成为可能。

而另一方面，人们对陌生人的防备和抗拒，让传统的陌生拜访或者陌生电话的方式，在拓客方面效率更低。而对于优质增员，这种传统冷渠道的方式，会让他们在这个过程中产生巨大的心理落差感和挫败感，因此也更不适用。

这样丰富多彩的生活，才是我想要的！

邻居　羽毛球　健身　孩子同学　烘焙　舞蹈课　同事　同学

如果我们能帮助准增员，结合他们自己的性格特点和爱好，以社交活动的方式进入不同的社交圈，或者打造以自己为核心的社交圈，他们就有了适合而且可持续的拓客方式。

并且，这种拓客方式带来的准客户其质量更高，准增员与准客户之间的关系也更深入。

当准增员对未来的拓客方式有所了解，他（她）在入职前会更有信心，入职后也有更大可能性留存下来。

这段对话中，小曾有以下四个关键步骤。

第一步，为了让大梅找到适合自己的主动社交的方式，小曾先问她：如果不考虑做保险，会有什么样的交友方式。

当大梅提到打羽毛球时，小曾就进入第二步，问了她关于这个渠道的三个关键性问题：

① 多久去一次；

② 每次能认识几个人；

③ 用什么方式和别人建立关系。

第三步，小曾又和大梅讨论了另一个社交渠道——小区邻居。

关于这个渠道的讨论，有两个关键点，一是用什么方式和他人认识，二是大约能认识多少人。

通过这两个渠道认识他人的方式和可能认识的人数，在后续的辅导工作中，对应的就是具体的拓客计划和拓客目标。

通过讨论打羽毛球和小区邻居这两个社交渠道，大梅得以开启新的思路。

第四步，就是小曾启发大梅联想到更多的社交方式。

最终，当大梅列出自己的社交太阳图时，她不仅对于客户开发这件事有了信心，同时还对于这种丰富多彩的生活有了很大期待。原来的阻力，自然就得到了化解。

主动社交，可以让每个人成为人际网中的"小太阳"。

第六节 "做保险的人太多了，不好做"

To Be A Real Consultant

这几年，越来越多的人看好保险业的发展，并选择从事这个行业。于是，在增员过程中，一个新的问题就出现了：这么多人做保险，会不会越来越不好做了呢？

我们通过准增员马先生的故事，来看看这种阻力是怎么被化解的。

马先生很看好保险业，在准备职业转换之前，自己先对市场做了一个调查。

然后他告诉小曾："我发现这几年做保险的越来越多，我们小区就有好几个做保险的，我去打球也会遇到做保险的。这么多人都来做保险，我担心会越来越不好做。"

老马，您觉得，有越来越多的人来做
保险，说明了什么呢？

说明这个行业确实是一个向上发展的行业，大家都很看好这个趋势啊。

是啊。那您觉得接下来几年，做保险的人还会越来越多吗？

短时间内，我觉得还是会越来越多的，但是到一定程度，市场会饱和。

达到什么程度，市场才算饱和呢？

这个不好说。像我们小区，有1000多户，光我知道的就有五六个做保险的，如果将来有好几十个做保险的，那肯定就没法做了。

也就是说，从五六个，到好几十个，这是个发展的过程，对吧？

嗯，是。我觉得吧，什么事都是越早做越好。

抢占先机确实很重要。如果再过几年，等您小区有好几十个人做保险的时候，您会不会后悔自己错过了现在只有五六个人做保险的时机呢？

那倒是。但现在确实是有竞争，感觉我身边的朋友，每个人周围都能找到一两个卖保险的。

所以，您其实是担心竞争问题，对吧？我想请您回想一下，对比以前身边很少有人有做保险的时候，现在您身边有很多人是做保险的。那您自己对保险的看法有什么变化吗？

我以前还挺排斥保险的，现在看很多人都买保险，还有很多人在做保险，就觉得保险这事也挺好的。

是啊，您看您自己对保险的接受程度，其实是在逐渐提高的。所以，当客户身边做保险的人增多时，您觉得他们对保险的接受程度是不是也提高了？

嗯，这个确实是。但是客户就更容易相互比较啊。

对的，做的人多了，一方面会改变大众对保险的看法，另一方面确实会带来竞争。那您觉得，如果您是客户，在进行比较的时候会考虑哪些因素呢？

会看保险公司的背景，看产品，看这个营销员。

确实是这个三个因素。如果是您买保险，您会选择什么样的公司呢？

我肯定选那些口碑好、理赔服务好、管理也比较正规的公司。

是啊，大多数客户也都是这样考虑的。所以您觉得我们公司在这几个方面，符合您的标准吗？

公司是没问题，不然我也不会跟你谈这么久。但靠谱的公司也不止你们一家，销售的时候还是有竞争的。

确实是，公司和产品是客户选择的一个方面，除此之外，您觉得客户在选择的过程中，什么因素在感性的层面上对客户影响最大呢？

感性的层面？

是啊，您觉得销售是一个感性的过程，还是理性的过程呢？

应该是既有感性的部分，也有理性的部分，当然这个也要分人。不过，我觉得，决定购买的最后那个环节，人是有冲动的。

太对了。销售过程，尤其是最后成交的环节，是一个非常感性的阶段，如果客户一直停留在理性层面，是不可能成交的。所以，这个过程中，人的因素是非常重要的。

这倒是，我这么理性的人，买东西时，如果那个销售人员让我感觉不开心，我也会换另外一家买。

是的，所以客户在比较的过程中，表面上看是比较公司和产品，但从更深层次分析，是营销员和客户的关系在影响后者的决定。您觉得您在和他人相处这方面，有哪些优势呢？

这个……还真不好说。

我发现您很严谨，比如在考虑做保险这个过程中，会提前做市场调研，看看从业人员的数量。

哈哈，提前调研，做好准备工作，这是我的工作习惯。

您知道吗？这个是您非常大的优势。严谨的人，往往自律性好，这个是做好保险最重要的条件。而且您有这么严谨的工作习惯，也一定能得到很多客户的信任。

……

客户在比较的过程中，表面上看是比较公司和产品，但更深层次，是营销员和客户的关系，在影响他的决定。

这倒是，我这么理性的人，买东西时，如果那个销售人员让我感觉不开心，我也会换一家买。

在这个案例中，小曾对马先生担心的化解，可以分为以三个步骤。

第一步，小曾用发展的眼光，和马先生探讨了保险业"从业人数增加"的这个问题。让马先生意识到，与其将来后悔自己来这个行业来晚了，不如现在就行动，免得过几年更后悔。

第二步，小曾借用马先生自己对保险的态度的转变，让马先生看到"从业人数增加"这一现象的积极面。

很多反对问题出现，往往是因为对方只看到了问题的"消极面"；而我们要做的是，引导对方看到"积极面"。哪怕是消极事件，在某些方面也必定有它的积极意义。

第三步，寻找马先生的优势资源。

我们会发现，马先生真正的担心是怕在竞争中不能胜出。小曾让他看到，竞争中"人"的因素的重要性，同时，帮助他找到自身独特的优势资源。

当然，要找到对方的优势资源，需要我们做到积极关注和充分接纳，这两点也是顾问的基本姿态。

增员过程中的很多担心，源自对未来的不确定和不自信。只有对方找到自己的优势资源，才能彻底消除自己的担心。

第七节 "丢了原来的专业，太可惜"

To Be A Real Consultant

　　优增的目标族群中，有一类是各个行业的专业人士。他们在某个专业领域有深入的学习和工作经历，但也因此常常会有一个阻力，觉得放弃自己的专业太可惜。

　　小曾最近就遇到这样一位准增员。

　　胡先生是一名医生，遭遇收入瓶颈和职业压力让他考虑转行，保险行业的发展前景也很吸引他。

　　但几次沟通之后，胡先生提出自己的另一个疑虑。

　　他跟小曾说：你看我学医这么多年，总觉得丢了自己的专业太可惜。

　　确实是，成为医生真是不容易，要学那么多年，付出那么多，放弃了确实可惜。

　　是啊，如果不是考虑到收入和工作压力，我还是喜欢做医生的。

您最初选择学医，是不是就是因为喜欢？

其实不能简单用"喜欢"来形容。我小时候就觉得穿白大褂的医生特别神气，后来在医院入职宣誓时，感觉到这个职业很神圣，很有使命感的。

嗯，我能体会这种感觉。能够帮助别人，挽救他人生命，是很有价值感的一件事。

这些年这么辛苦，一直坚持下来，很大程度是因为这个价值感。

一边是医生这个职业带来的价值感，另一边是收入不理想、职业压力大，所以，您现在就纠结在这里，是吧？

是这个点。

如果做医生能让您的收入状况得以改善，压力也没那么大，您是不是肯定还会继续做医生？

那肯定是。但短时间内，这个情况不会改善，大环境如此。我也不能为了收入，做一些违背自己道德底线的事。

确实是，既然收入和职业压力这两点在"做医生"这个前提下不能改变，咱们就看看另外一方面，关于价值感的部分吧？

好啊。

您这些年经手的这些病人中，有治好的，是不是也一定有没治好的？

那是，没治好的其实很多。

这些人都是什么原因没治好呢？

那原因多了，有的是发现太晚，没法治疗了；有的是前期选择的治疗方法不对，耽误了最佳治疗时机；有的是治好了，康复期间不注意，再次复发的；也有的是没钱治病的。

如果把疾病作为一种风险来管理的话，您从医生的角度，有什么建议呢？

第一，最重要的是防范，养成好的生活习惯，定期地、科学地体检，做到早发现早治疗；第二是确诊后要及时进行科学的治疗；第三，康复期一定要重视，定期复查，合理安排生活，不要太急于回去工作。

哇，您说的这些是一套很周全的疾病风险管理啊。保险的作用正是体现在第二点和第三点，通过这种财务安排，让病人确诊后能够有钱治疗，在康复期能够有钱慢慢恢复。

嗯，这个也是我觉得保险很有意义的点。

您看，您做医生的时候，帮助的是众多确诊后的病人。如果您来做保险，您还可以帮助更多没有生病的人，帮助他们提前做好疾病风险的管理，做到防患于未然。因为凭借您的专业背景和权威性，您在疾病风险管理这方面，可以让更多人少生病，或者生了病后有更高的治愈率和存活率。

您看，从疾病风险管理的角度看，您的所学所长，是不是发挥了更大的作用呢？

……

我们把这段对话分成以下三个步骤。

第一步，小曾通过提问，找到了胡先生之所以从医的动机，也就是医生这个职业给胡医生带来的价值感和使命感。

这个从医的动机，在进行职业转化时，变成了不舍得放弃、不愿意改变的阻力。

第二步，小曾再次强化了胡医生想改变现有职业的动机——收入不理想、工作压力大。

一边是改变的动力，另一边是不舍得放弃、不愿意改变的阻力。

当小曾把这两种力量清晰地呈现给胡医生之后，就开始了第三步，即，从保险的功能入手，让胡医生看到，他作为医生的职业背景，可以在保险行业发挥更大的价值。

对于很多人来说，工作不仅是挣钱养家的方式，也是实现自己的理想和情怀的途径。这一点，在很多中高级专业人士身上体现得更为明显。

我们还是用马斯洛需求层次理论来解释：

理想、情怀、使命感、价值感，这些都是人对职业比较高层次的需求。

比如胡医生，"救死扶伤"作为一种"助人动机"，是他的职业理想。这属于马斯洛需求层次理论中最高层次的需求，也就是自我实现的方式。正是这个动机，支持他即使在收入不太理想的情况下，依然坚持从医多年。

按照马斯洛的需求层次理论，只有低层次的需求得以满足，人才会追求更高层次的需求。胡医生之所以想换工作，是因为低收入和高压力，也就是较低层次的需求没有得到满足。但这时，高层次的需求成为他不舍得放弃的原因。

要解决这个矛盾，就要让他意识到，做保险不仅可以满足他在收入方面的需求，而且他的专业背景，可以从更广的层面帮助他人，更好地实现他的职业理想。

不同层面的需求都能被满足，舍弃专业这一方面的担心，自然就被化解了。

一份职业，可以满足的需求层面越广，就会做得越长久。

自我实现
尊重需求
爱和归属需求
安全需求
生存需求

马斯洛需求理论金字塔

第八节 关于阻力化解的三个建议

To Be A Real Consultant

阻力，无论来自于外部的，比如家人或朋友的反对；还是来自于内部的，也就是对未来的各种疑虑和担心，产生的原因通常有以下两个方面。

一方面是来自于认知上的误区，也就是对保险行业的误解。

比如前面的例子中，阿文觉得做保险就得特别能言善辩，就得追着别人买保险。

另一方面，来自于对未知事物的本能回避。

因为对于很多人来说，换工作是一个比较大的改变，特别是从传统行业转换到保险行业，这个改变更大。而大多数人，对于不确定或者未知的事物，本能的反应都是恐惧和回避。因此，这个过程中有担心、有疑虑，都是人性正常的反应。

了解了阻力产生的原因，我们就可以总结出在化解阻力过程中的那些通用的规则。具体来说，有以下三个建议。

第一个建议：先接纳他的担心，才有可能强化他的信心。

对未知领域的恐惧，是人的正常反应。所以，放弃传统的职业，进入保险这个全新的领域，有担心、有害怕都是非常正常的反应。

面对准增员的担心和害怕，我们应该说什么呢？

也许，我们习惯性的说法，是告诉他（她），没事，别害怕。

就好比，准增员说，我怕自己不适合做这行。我们说，你怎么不适合，你这么优秀。

准增员说，我怕将来收入不稳定。我们说，你这么能干，怎么会挣不到钱。

准增员说，我怕没客户。我们说，你从小到大，同学朋友那么多，怎么会没客户。

这些说法其实都是在否认他的担心，相当于在说，你的那些担心都是瞎操心。

担心并不会因为我们的否认就消失。我们的否认，只会让对方封闭自己，不再袒露自己真实的想法。

要化解担心，关键是增加准增员的信心。而要让对方对未来有信心，我们就要先接纳他的担心，然后才能了解其担心产生的原因，以及那个担心背后有怎样的需要，最后寻找满足这个需要的途径。

比如，阿文担心自己不适合做保险。我们接纳了她的担心之后，就发现她的担心源自于对行业的误解和不自信。

小曾一方面通过总结自己的沟通方式，化解了她的误解，让她看到顾问式销售的方式；另一方面通过积极关注，找到她的优势资源。当她对自己有了信心，担心也就消除了。

第二个建议：化解担心、建立信心，关键是结合对方的优势资源，找到具体的方法。

信心，不是用一个含糊的说法就能带给对方的。比如，准增员说，我不会做销售。我们告诉他，没事，我们的培训都会讲的。

对方说，我没那么多客户。我们告诉他，没事，你做得久了，自然会有人给你介绍客户的。

这些含糊的说法，并不能真正给对方以信心。

特别对于思维比较缜密的优质增员，更需要和对方一起讨论这件事的可行性。

比如，大梅对于收入不稳定的担心，小曾通过分析她未来的客户市场、可以投入的工作时间，进而帮助她估算出她未来的工作量和可能的收入。而她对于客户开发的担心，小曾则和她讨论她自己现有的资源以及可能的社交方式，启发她规划出适合自己的主动社交的模式。

这些，都是结合大梅自身情况，和大梅一起进行的可行性分析，大梅也会因此觉得更踏实，进而对进入保险行业更有信心。

第三个建议：阻力能否化解，最关键是要强化动力，而不是用拉力。

我们前面反复强调过动力的重要性，这是推动准增员作出改变的决定性力量。当我们特别想做一件事的时候，那些困难或者担心都不是问题，因为我们自己会想办法解决。但如果我们不是特别想做的时候，各种障碍都会成为理由。

所以，要化解对方的反对问题，也就是那些阻力，不能仅仅就问题本身来讨论，而是要先强化动力，当对方的动力足够强的时候，就会主动想办法，寻找解决问题的方法，或者会积极寻求你的帮助，一起找解决途径。

比如对方的家人不同意这个阻力，无论在销售还是增员中，都会经常遇到。

如果我们不强化动力，上来就说，那把你家人约出来，我跟他（她）谈。

在对方动力不强的情况下，对方可能就会说，我家人很忙、没时间，或者我和我爱人很难约到一致的时间。

反过来，如果我们强化了动力，当对方特别想做这件事时，也许，他（她）自己就会想出说服家人的方法，或者会请你帮忙，来说服家人。

我们会发现，无论做什么事，时间都是检验一个人动力的好方法。

如果我们特别想做一件事，那一定能挤出时间。

可如果我们在某件事上，总是迟到、忘记或者没时间，那一定是动力出了问题。

因此，在阻力出现的时候，先强化动力，就是把面谈前期我们和准增员一起讨论过的，他（她）对现状的不满和期待，重新回顾一遍。

比如在大梅的案例中，面对先生的反对，小曾就再次询问大梅究竟为什么想放弃现在的工作。对现状的不满和对理想未来的期待，再次呈现出来的时候，这种动力会推动大梅和小曾积极探讨，寻找说服大梅家人的方法。

职业改变，好比一个冒险的旅程。

当准增员来到一片茂密的森林边上，他（她）听到有人告诉自己，来吧，森林里面有宝藏。

阻力，就是准增员面对这片未知森林的担心：这里面会不会有野兽？我迷路了怎么办？

如果我们只是说，来吧，这里面没有野兽，这里面有现成的路，你不会迷路。

对于很多人来说，还是会害怕，不敢进入这片森林。

而真正的顾问，则会站在准增员的身边，和他（她）一起探讨，有多大可能性会迷路或者遇到野兽；如果发生这种问题，自己有什么工具，可以用什么方法来解决这些问题。

感同身受的陪伴，具体可行的支持，才能给对方真正的勇气。

阻力化解的三个建议：

1. 先接纳担心，才能强化信心
2. 结合优势资源，找到具体办法
3. 阻力化解的关键是强化动力

教练形式之三：教练课程

不同于传统的培训课程，教练课程是以学员为中心，以解决问题为导向。

课程中的案例来自于训前调研和现场提问。

顾问式优增

To Be A Real Consultant

第五章

顾问式优增的成功关键

"容许自己去理解他人，具有极大的
价值。同时，理解是在以一种双重的
方式丰富自己。"

卡尔·罗杰斯
人本主义心理学家

顾问，是一种沟通的姿态，无论是在销售面谈、增员面谈还是辅导面谈中，顾问式沟通的核心都是激发对方的动力，找到对方的优势资源，用对方自己的力量，推动他（她）实现自己想要的改变。

这种沟通的姿态，对于高端客户或优质准增员更加必要。因为背景优秀的人，通常都有自己的主见，不容易受他人的影响。只有他（她）自己意识到自己的需求缺口时，才会真正想要改变。

那么，顾问式沟通究竟是一种什么样的沟通姿态呢？

我们总结四个最基本的特点：接纳；积极关注；善于发现对方的资源；激发对方的动力。

第一个特点，是接纳。也就是，当对方提出不同的观点时，不批评、不指责、不辩论，也不用所谓的道理来说服他（她）。

人与人之间的观点，常常会有很大的差异，因为每个人拥有不同的成长背景和经历，因而也塑造了各自不同的思维方式以及面对外部世界的不同的应对模式。

当我们与他人在谈话中听到和自己不一样的观点时，大多数人习惯的反应是什么呢？

可能是否认，比如说：不是这样的，我觉得应该是……

或者是讲道理，甚至是辩论，试图说服对方，以证明自己的观点是正确的。

这样的反应出现在日常聊天中无可厚非。但是如果面对的是客户或者准增员，这样的沟通方式就会让面谈达不到我们想要实现的目的。

如果面谈变成我们在教育对方，或者是一场辩论，我们相当于站在了对方的对立面，结果会怎样呢？

如果你遇到的是比较强势的人，他（她）会用攻击的方式，比如和你辩论、争执甚至最后不欢而散。

如果你遇到的是比较弱势的人，他（她）会用防御的方式，比如找借口搪塞你、转移话题；或者表面上似乎被你说服了，被你拉着走，但他（她）自己的动力却也不见了。

所以，要实现一次成功的面谈，作为一个专业的顾问，首要的态度就是接纳。也就是说，当对方提出和自己不同的观点时，先放下自己的主观评判，尝试站在对方的立场上。只有接纳对方的观点，我们才有可能静下心来，寻找对方观点背后的需要，也就是内在的动力。

比如前面的案例中，刘小姐说自己不打算换工作，因为明年要晋升了。

如果这时候，我们跟她讲道理说：你看银行业现在都没落了，你就算晋升了又能怎么样呢？

这样的话术就使我们站在了刘小姐的对立面。

有可能，刘小姐就会反驳说，自己在银行里未来的发展有多好；她还会找很多证据来证明自己不换工作是有道理的。

而小曾的做法，则是站在刘小姐的立场上，接纳她的选择，并真诚地祝贺她。

这时候的刘小姐，就愿意和小曾一起探讨，晋升之后的工作会是什么样子的。她也因此有机会发现，晋升后的未来并不是真正符合她的理想。

接纳，关键就是放下自己的观点，从准增员的对面，走到他（她）的旁边。

唯有接纳，才能建立彼此坦诚相待的真实关系，达成一致性沟通。

对抗式的关系　Vs.　顾问式关系

顾问式沟通的第二个特点是积极关注。

一名专业的顾问，能够始终看到对方积极的那一面，或者是消极事件中的积极意义。

面谈中使用积极关注，有助于建立安全放松的对话关系。

每个人都渴望被积极关注，当这种渴望被满足的时候，就会愿意跟你交流自己更多真实的想法。

比如前面案例中的李先生，因为被小曾积极关注，所以逐步向小曾呈现出，自己对工作深层的不满。

刘小姐，也因为被小曾积极关注，所以她进一步告诉小曾，关于自己晋升的不确定性，以及晋升后自己对于管理层内部斗争的困惑。

　　在化解阻力的过程中，用积极关注的方式，可以引导对方看到事件的积极面，寻找问题的解决方法。

　　比如前面案例中的马先生，面对做保险的人越来越多这个现象，最初马先生看到的是消极面，于是就担心这个行业不好做。小曾的做法是，引导马先生看到这个现象的积极面，就会发现从业人员增多，带来了民众保险意识的进步，就会有越来越多的人来主动咨询保险。

　　问题和方法，困难与机会，往往是事物的正反两面。关键是，我们选择关注哪一面。

　　顾问式沟通的第三个特点是善于发现对方的资源。

　　一个专业的顾问，一定是一个好的观察者。

　　顾问式面谈的前提是，我们相信，对方一定有自己的资源去解决自己的问题；而且，对方也只有使用自己的资源，才能真正解决自己的问题。

　　这一点，在阻力化解的环节体现得最为明显。

　　当准增员有反对问题时，如果我们给出自己的方法，有可能，因为我们的情况和准增员不同，并不能解决他（她）的问题。

　　也有可能，从表面上看，似乎问题被解决了，但准增员自己的动力并没有被激发出来，他（她）可能还会有其他的问题，来找你解决。

比如大梅的案例中，关于客户开发的反对问题。

如果我们直接把自己开发客户的方法告诉大梅，也许大梅会说，我和你的情况不一样，这个我做不到，那个我没有。

或者大梅会按照你的建议去做，如果做了没效果，她会抱怨说，你看，我按照你说的做，可是做了没效果。

而小曾的做法，是从大梅自己的情况出发，讨论她有哪些爱好，有哪些社交资源，让她自己找到自己适合的方式。

发现对方的资源，尤其是优势资源，是帮助对方建立信心的关键。

比如阿文的案例中，本来她对自己做保险没有信心，通过小曾的观察与反馈，她发现自己的勤奋、诚信和学习能力强，正是做好保险最关键的因素。

再比如马先生，小曾看到他在工作中严谨性高的这个特点，帮助他建立面对市场竞争的信心。

作为顾问，第四个特点，也是最重要的，就是会激发对方的动力。

有的准增员是被主管拉来做保险；来了之后，被主管推着做业绩；业绩不理想，就抱怨主管。

在整个过程中，主管非常辛苦，但结果却不理想，为什么？就是因为主管没有激发和强化准增员自己的动力。

只有动力足够强，一个人才会有作出改变的行为，并且为自己的行为完全负责任。

所以，在增员面谈的前期，我们一定不要急于使用拉力，急于讲保险行业的优势。

而是要先找动力，询问准增员对现状的不满以及其对未来的期待；要找需求缺口，探索准增员是否有合适的方式去实现自己理想。

当准增员明确了自己对现状的不满，并且意识到，自己没有更好的方式实现自己理想的未来时，保险才作为一种更优的职业选择出现在自己的面前。

"我要实现理想中的自己"，这个力量会推动准增员作出这个改变的选择。

以上，就是作为一个顾问，在优增过程中最关键的四点：接纳；积极关注；善于发现对方的资源；激发对方的动力。

保险这个职业，最大的优势就是自由和自主。

而自由、自主的前提，是一个人敢于并且有能力为自己的行为负责。

通过顾问式增员，我们从一开始就激发准增员的动力，让他（她）自己作出改变的选择。

当准增员开始展业后，内在的动力也会推动其寻找适合自己的方法，克服自己的困难，成为自己的主人。而这个过程中，作为顾问，我们要做的，就是接纳、积极关注、发现资源和激发动力。

这是一个成长的旅途，而我们始终和准增员手拉手，肩并肩，向着共同的目标前进。

顾问式沟通的关键：
接纳、积极关注、发现资源、激发动力。

后记　通过工作，实现更好的自己

写这篇后记的时候，正是在回北京的飞机上，刚刚和孩子一起参加完一个义工项目。白天带着孩子去做义工，晚上孩子睡了以后，开始整理书稿。

过去的若干年，几乎一直都是这样的节奏：寒暑假，在陪伴孩子的过程中抽空工作；开学后，在工作的空当中陪伴孩子。两个孩子的各种安排和工作中的各种项目一起出现在日程表上，我在有限的时间中辗转腾挪。

和每一个职场女性一样，当"母亲"这个重要角色降临时，家庭和工作就像拔河比赛的两端，我不停地被这两端拉扯着。职场中的晋升，给我带来更多荣誉和收入的同时，也带来更多的加班、出差和应酬以及因为不能陪伴孩子而产生的内疚和负罪感。

也许是因为我天生对权力没有那么大欲望，也许是因为十几年的职场生涯令我产生了职业倦怠，当第二个孩子降临时，我选择了辞职，而且是"裸辞"。我希望能找到一种"自由的工作方式"，兼顾工作与家庭。

但很快我发现，一旦离开职场，获得"自由"，我竟然不知道自己究竟想干什么。我反复地问自己：

什么工作才是自己喜欢的、擅长的同时又有不可替代性的？

怎么样的工作方式才能更有效地发挥自己的价值？

除了金钱，我还想从工作中得到什么？

我想通过工作成为什么样的人？

带着这些问题，我开始了持续的学习。

这个过程中，我遇到了几位对我影响深远的心理学老师，他们不仅在咨询和教练的临床上给予我专业的指引和督导；更重要的是，他们的出现，如灯塔般照亮了我职业发展的未来。

我知道我想成为他们那样的人，在帮助和支持他人的过程中，实现自己的价值。

"通过工作成为什么样的人"是关于工作的终极问题，当这个问题有了答案之后，我开始去思考那些具体的问题，探索更适合自己的工作方式。我知道，心理学是我喜欢的，咨询和培训是我擅长的，保险业是我熟悉的，但怎么结合，才能更好地发挥自己的价值呢？

在做心理咨询和职涯规划咨询的过程中，我发现很多人都面临和我类似的职业困惑，不论女性还是男性，总会在某个年龄段，在职业生涯的某个阶段，在某个选择的十字路口，需要思考关于工作的这些问题。

而人与人的差异就在于，面对这些问题，不同的人会有不同的态度。

有的人选择回避问题，在生活的惯性中日复一日，或者在自我安慰中盲目前行。慢慢地，麻木代替了困惑，期待变成了抱怨。

也有些人选择积极探索，逐渐找到属于自己的答案。他们的职业道路越来越清晰，发展方向越来越明确，最终成为职业的主人，甚至是生活的主人。

没有人愿意成为前者；每个人都想成为后者。

但很多人之所以做不到，是因为，要成为后者，就必须直面对未知的恐惧，承受为自己负责的压力，经历脱离舒适环境的痛苦。这个时候，如果有来自他人及时的指引和专业的帮助，也许就能拨云见日，迈出改变的第一步。

所以从这个角度上讲，保险业的增员从传统的"拉人头"发展为"顾问式优增"是非常有必要，而且有意义的。在优增过程中，保险营销员就像职业顾问，陪伴处于困惑和瓶颈期的职场人，和后者探索更清晰的职业未来，同时提供一种新型的工作方式甚至是生活方式。

这种工作方式符合互联网时代零工经济❶的特点，顺应了组织模式和工作模式从"企业－员工"转化为"平台－个人"的大趋势，它让人最大限度地掌控自己的工作时间、成长速度和价值转化，有机会成为工作的主人。

我在做职涯咨询和保险业中寿险业教练的过程中发现，一方面，经济环境的改变、人工智能等高科技的发展，让越来越多职场人遭遇瓶颈和危机；另一方面，很多寿险业的小伙伴因为不会顾问式沟通，不懂职业生涯规划，或者没有意识到寿险业工作方式更深层的意义，与很多本可以成为优质增员的职场人失之交臂。

于是，我找到了这两个领域的结合点，那就是用我在心理咨询和职涯规划领域的所学，用我在自己职业发展中的摸索和思考，去支持更多寿险业的小伙伴，成为"真正的顾问"。

这是我喜欢的、擅长的并且能发挥自己优势的工作方式，也顺应了行业发展的趋势。

● ● ●

从最初辞职后做全职妈妈、开小店、做自媒体，到后来做心理咨询、独立讲师、企业教练，再到成立自己的公司和品牌；从最初方向不明、收入不定，到现在逐步清晰自己的发展方向

---

❶《零工经济》作者（美）戴安娜·马尔卡希。

和路径，这是一个充满挑战的改变之旅，希望和绝望此起彼伏，焦虑和成长相伴而生。

感谢我所有的来访者和教练对象，他们的经历和案例，激发了我的持续思考；他们的积极反馈也是成为支持我前行最大的力量。

感谢我的几位心理学导师，特别是艾琳·塞林（Ilene A. Serli）博士，他们教会我觉察自己、放下主观，成为专业的顾问，也陪伴我找到工作和生活最终的前进方向。

感谢我的事业伙伴丁云生先生，他在我最需要的时候，给了我支持和帮助，让我有勇气挑战更广阔的领域。

感谢我的两个孩子，他们的出现，推动我去学习心理学，让我因此有了新的职业可能；他们的存在，照见我更多未知的自己，让我拥有更完整的生命。

感谢我的父母和先生，他们给予我的无条件支持，让我有更多的时间和空间，不断尝试新的工作领域，努力成为我自己。

最后，祝愿每个读到这本书的小伙伴，都能找到适合自己的职业方向，成为理想中的自己。

一丁

顾问式优增

To Be A Real Consultant

学 员 心 声

亦师亦友　共同成长

与一丁的相识，是在 2005 年，当时她是我们的营管处经理。

从培训部刚刚调到业务一线的她，拥有完整的培训逻辑以及超强的亲和力。在营管处的训练与辅导过程中，她有一种特殊的能力：倾听、同理心与洞察力。她带领的团队，乐观、稳定、有力。

她来到营管处的第二年，我们营管处获得了中国区白金团队的称号，人力和业绩增长率均排名中国区第一。

而我当时也有幸在她的协助与陪伴下，在寿险事业的起步阶段能够走得对、走得稳。

与一丁这样亦师亦友十四年，我们虽然有不同的工作轨迹，却经历着相同的学习与个人成长过程。我们都意识到，我们所做的是改变他人的工作，这项工作本身有温度有意义，充满着吸引力与成长性。

在她有了两个可爱的宝宝、又深入学习心理学的几年后，我们再次探讨起工作与人生。我发觉，她找到了最适合她的方式，最大化地发挥了她的优势：她了解保险行业，了解从业者，了解客户，更了解人性。

坦白说，保险的销售是一个违反人性的商品，健康时谈疾病，年轻时谈年老，这本身就是对人性观念的挑战。保险业的发展在国内正经历着信任重建与专业重塑的过程，因此在做组织发展时，也一定会遇到人们思维上的阻力。

但行业的发展大潮不会因此停止，越来越多的人开始意识到保险的重要性，开始看好保险业的发展，并投身于这个行业。

在最需要优秀人才集结的时候，身处业务一线的我们，需要的正是像一丁老师这样的教练：既有实践经验，又有理论背景；既懂得我们，也懂得准增员。她的教练课程，让小伙伴们学会从准增员的角度出发，了解对方的工作动力，给予对方恰当的回应，协助对方看到自己的阻力是否有解决方案，做到真正的顾问式优增。

重塑寿险业的专业形象，必然从正确的人才招募方法开始。

这本《顾问式优增》是一丁老师日常教练课程中的精华总结，相信一定能支持到更多团队的组织发展，打造高素质的绩优团队。

感谢一丁老师给予我和团队的协助与支持！

预祝大家共同进步，共好！

——左美玲

业务总监

CFC 企业理财师

NLP 国际认证导师

感谢恩师一丁老师的倾情讲授，"心理学＋保险"的专利研究及精彩授课，对主管们在组织发展中的行为分析与指导建议，真是让大家受益匪浅，听她的课如沐春风，润物细无声中给了你强劲的动力！国内唯一针对寿险团队的团体心理学分析，"大五人格理论"果然名不虚传！

——某保险经纪公司寿险事业部创始合伙人
总公司业务发展部总经理

别样的感动：在两三年前，一丁老师用心理学和教练技术来帮我们完成团队训练，至今仍获益匪浅，我也开始逐步热爱和探索心理学之路。保险业的修行，在看到自己，完整自己的过程中，变得更加稳定、开放和有弹性。谢谢一丁老师。

——某寿险公司资深业务经理 MDRT

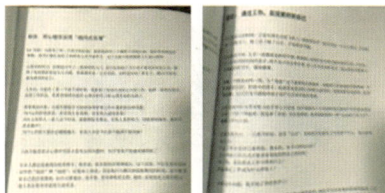

历时 3 个月的 MDRT 特训营结训，如春风春雨般让人舒服喜爱的一丁老师带给我们很多不一样的角度、观点，再加上跟这么多优秀伙伴的互相激发碰撞，感觉自己宛若新生！

——某保险经纪公司 经纪人

三个月的学习，结束新的征程，继续终身学习，工作＆生活，向自己的杯子里加水；在成长中，培养自己内心的稳定性。特别感谢一丁老师全程用心辅导，温暖拥抱。

—— 某寿险公司业务主管 连续三年 MDRT

对于一丁老师的课程，不得不赞。今天上午短短的 2 个小时，有顾问式营销的部分，有 CP 的部分，有专业具体问话方式的部分，有自我心态的打开和放下部分，每个人的案例层层分析，1 对 1 的演练，超棒！

——某寿险公司 MDRT 企业教练

三个月的学习结束，
期待复训早日开始。
感谢一丁老师的肯定和最后那个暖暖的抱抱。

——某寿险公司 MDRT

一整天的烧脑结束，大家都收获满满，感谢一丁老师对我们的帮助，get了零工经济和U盘理论两个最近比较火的新词儿～和伙伴一起持续学习中。

——某寿险公司新晋业务主管